Frank Matheus

Einführung in das Biblische Hebräisch: Studienbuch für das Gruppen- und Selbststudium

Münsteraner Einführungen
– Theologische Arbeitsbücher –

Band 2

LIT

Frank Matheus

Einführung in das Biblische Hebräisch: Studienbuch für das Gruppen- und Selbststudium

LIT

Die Deutsche Bibliothek – CIP-Einheitsaufnahme

Matheus, Frank:
Einführung in das Biblische Hebräisch: Studienbuch für das Gruppen- und Selbststudium – 2. Aufl. / Frank Matheus. – Münster : LIT, 2002
(Münsteraner Einführungen: Theologische Arbeitsbücher ; 2)
ISBN 3-8258-3172-8

Grevener Str. 179 48159 Münster Tel. 0251–23 50 91 Fax 0251–23 19 72
e-Mail: lit@lit-verlag.de http://www.lit-verlag.de

Dem Andenken von Frau Dr. Sigrid Loersch gewidmet

Vorwort

Mit dem Studienbuch wird nun der zweite Teil der *Einführung in das Biblische Hebräisch* vorgelegt. Es möchte den Studierenden ergänzend zu ihren Kursen und Veranstaltungen an Schule oder Universität ein Mittel an die Hand geben, allein und in kleineren Gruppen den Umgang mit biblischen Texten einzuüben.

Das Studienbuch ist so konzipiert, daß nach dem (vorausgesetzten) Erlernen von Schrift- und Lautzeichen die Begegnung mit der Hebräischen Bibel im Mittelpunkt steht. Für Anfängerinnen und Anfänger ist der erste Teil gedacht; anhand eines kürzeren Psalmtextes wird Stück für Stück der Blick geöffnet für die sprachlichen Phänomene, die hier begegnen. Dabei wird stets zu eigenen Beobachtungen ermutigt und zur Thesenbildung aufgefordert, die anhand der Studiengrammatik und des Glossars überprüft werden können.

Im zweiten Teil finden sich neun biblische Texte, die sprachlich erschlossen werden sollen; sie sind in etwa so lang, wie es die meisten Prüfungsordnungen vorsehen. Diese Texte eignen sich hervorragend zum Selbststudium, da das gesamte Vokabular am Ende aufgeführt ist; alle schwierigen Formen sowie theologische Aspekte werden in Anmerkungen besprochen, und Wortanalysen, die zum tieferen Verstehen beitragen können, werden in reichem Umfang geboten. Formen, die die Lernenden nicht erkennen, werden durch ein Verweissystem entschlüsselt. Diese neun Texte bilden einen Arbeitsstoff, den man in einer Gruppe oder allein in einem Semester bewältigen kann, wobei einem vertiefenden Weiterlesen der Texte in der Bibel mit Hilfe des Lexikons nichts im Wege steht.

Für die Mitarbeit zu danken habe ich diesmal den stud. theol. Birte Voßwinkel und Uta Wiggermann, die wesentlich zur Ausgestaltung des Glossars beitrugen. Ein besonderer Dank gebührt Herrn Lothar Arlt, dessen zahlreiche Anregungen, Verbesserungsvorschläge und Präzisierungen den Studierenden zugute kommen werden.

Gewidmet ist das Buch dem Andenken an Sigrid Loersch, die in den langen Jahren ihres Wirkens an der katholisch-theologischen Fakultät Generationen von Studierenden die Freude an der Schönheit der hebräischen Sprache eröffnete und sie so zu einer lebendigen Begegnung mit der Schrift und den Trägern ihrer Verheißung führte.

Münster, im Spätsommer 1997 Frank Matheus

Vorwort zur 2. Auflage

Das Studienbuch geht ohne konzeptionelle Veränderungen in die zweite Auflage; es wurden lediglich einige kleinere Versehen berichtigt und Verbesserungen vorgenommen. Neu ist die Anbindung an das Internet: Unter www.hebraicum.de können Studierende Kontakt mit Lehrenden aufnehmen und ihre Arbeit mit dem Studienbuch korrigieren lassen.

Münster, im Frühjahr 2002 Frank Matheus

Inhalt

A. Erste Annäherungen: Ps 104,33-35

33a	אָשִׁירָה לַיהוָה בְּחַיָּי	Ich will dem Herrn singen, solange ich lebe,
33b	אֲזַמְּרָה לֵאלֹהַי בְּעוֹדִי	ich will meinem Gott aufspielen, solange ich bin;
34a	יֶעֱרַב עָלָיו שִׂיחִי	angenehm sei ihm meine Rede!
34b	אָנֹכִי אֶשְׂמַח בַּיהוָה	Ich, ich freue mich am Herrn! (der Erde,
35a	יִתַּמּוּ חַטָּאִים מִן־הָאָרֶץ	Es sollen verschwinden (die) Bösewichter von
35b	וּרְשָׁעִים עוֹד אֵינָם	und (die) Übeltäter sollen nicht mehr sein!
35c	בָּרְכִי נַפְשִׁי אֶת־יְהוָה	Preise, meine Seele, den Herrn!
35d	הַלְלוּ־יָהּ	Lobet den Herrn!

אָשִׁירָה לַיהוָה בְּחַיָּי אֲזַמְּרָה לֵאלֹהַי בְּעוֹדִי

b^{e}ʿodi lelohai ʾasamra b^{e}chajjai laschem ʾaschira

יֶעֱרַב עָלָיו שִׂיחִי אָנֹכִי אֶשְׂמַח בַּיהוָה

baschem ʾäsmach ʾanochi sichi ʿalaf jäʿäraw

יִתַּמּוּ חַטָּאִים מִן־הָאָרֶץ וּרְשָׁעִים עוֹד אֵינָם

ʾejnam ʿod ur^{e}schaʿim min-haʾaräz chattaʾim jittammu

בָּרְכִי נַפְשִׁי אֶת־יְהוָה הַלְלוּ־יָהּ

hal^{e}lu-jah ʾet-haschem nafschi barachi

1. Grammatische Analysen

In diesem ersten Schritt des Kennenlernens sollen die Studierenden in die Lage versetzt werden, eigene Beobachtungen zu machen, Vermutungen auszusprechen und diese anhand des Lexikons oder Glossars und der Studiengrammatik zu verifizieren oder zu falsifizieren. Dabei geht man am besten so vor, daß man versucht, einzelne Elemente zu erkennen und zu benennen. In diesem Studienbuch ist eine Vorarbeit bereits geleistet: Die Verse sind nach ihren *Sinneinheiten*, den kleinsten syntaktischen Sinnträgern untergliedert. Die ersten grammatischen und syntaktischen Wahrnehmungen kann man sodann mit anderen Beobachtungen in Verbindung setzen und Analogieschlüsse wagen.

Betrachten wir zunächst die ersten drei Wörter des Textes; es handelt sich um ein finites Verb, einen Eigennamen und ein Nomen.

1.1 Analyse eines finiten Verbums

אָשִׁירָה "ich will singen"

└ Kennzeichen der 1.sg.c. PK א

└——— Die Verbalwurzel, *schoresch* שׁיר

└——— Kennzeichen für die Selbstaufforderung, *cohortativ*, coh. ָה

Das Hebräische besteht in seiner schriftlichen Form ursprünglich nur aus Konsonanten; dies reicht für die beabsichtigte Information in der Regel aus. Auch im modernen Hebräisch begnügt man sich mit den Konsonanten. Im biblischen Hebräisch sind zur Vereindeutigung Vokale hinzugetreten, die sich unter-, oberhalb der oder in den Buchstaben befinden. Der erste Buchstabe unseres Textes ist der Guttural א, der einen kehligen Anlaut markiert - wie etwa im deutschen Wort *aber*, das, ohne daß wir diesen Vorgang mit einem Zeichen markierten, in der Kehle gebildet wird.

Unter dem Buchstaben findet sich der zugehörige Vokal, in diesem Fall ein Kamez; zusammen beschreibt die Zeichenfolge einen kehligen *a*-Laut. Der Kehllaut *ʾalef* wird durch eine kleine hochgestellte, nach links offene Klammer dargerstellt: ʾ (Das gleiche Zeichen nach rechts meint den Guttural *ʿajin*).

Die zweite Silbe bezeichnet die Lautfolge *schi* (*schin* und *chirek* und *jod*; letzteres ist hier lediglich Vokalzeichen), und die letzte setzt sich zusammen aus dem Konsonanten *resch* und dem Vokalzeichen Kamez: *rā̄*.

Die hebräische Sprache bildet Formen für das männliche und weibliche Geschlecht; ein Neutrum gibt es nicht. In der ersten Person wird das Genus nicht unterschieden, die Form gilt für beide Geschlechter: ***communis generis***, abgekürzt: c.

Die Wunschform für die erste Person nennt man ***cohortativ***, abgekürzt: coh. Sie wird durch ein angehängtes *he* zum Ausdruck gebracht.

Im Hebräischen gibt es zwei Konjugationsarten. Die eine bildet ihre Formen durch ***Präformative***. Sie wird deshalb ***Präformativkonjugation*** genannt und ***PK*** abgekürzt. In manchen Grammatiken erscheint sie als "Imperfekt". (SG 34ff)

Die *schoresch*, unter der ein Verbum im Lexikon aufgeführt wird, hat (bis auf verschwindend geringe Ausnahmen) immer ***drei Radikale***.

Aufgabe: Suchen Sie in Ps 104,33-35 nach weiteren finiten Verben. Beschreiben Sie deren Bildungsaufbau und notieren Sie sich Unterschiede und Gemeinsamkeiten. Schlagen Sie im Lexikon die Verbalwurzeln nach und überprüfen Sie Ihre Vermutungen. Formulieren Sie aufgrund Ihrer Beobachtungen Thesen, wie im Hebräischen ein finites Verbum gebildet wird.

Im Studienbuch finden Sie die nächsten Verbanalysen ab S.16

1.2 Analyse eines Nomens

בְּחַיָּי "in meinem Leben!" (solange ich lebe)

| └ enklitische Partikel בְּ, "in", "mit"

└——— EPP 1.sg.c. ָי

Der Lexikoneintrag zu dem Wort lautet חַי. Wenn Sie genau hinsehen, fällt ein Unterschied zur Kontextform ins Auge: Im Lexikon findet sich kein Punkt im *jod.* Dieser Punkt heißt *dagesch forte*; er verdoppelt den Konsonanten, in dem er steht.

Der Punkt im ersten Buchstaben ist ein *dagesch lene*; er sorgt für die explosive Aussprache der Begadkefat-Konsonanten (SG 19).

Anders als beim ersten Wort (אָשִׁירָה) hat das *jod* hier seinen konsonantischen Charakter behalten; es verhält sich wie das deutsche *j* und kann sogar verdoppelt werden.: *b^e ḥajjaj*.

Zu dem dritten Wort des ersten Satzes, dem Gottesnamen לַיהוָה, s.u.S.22

Analog zur eben erfolgten Analyse von בְּחַיָּי wollen wir uns der direkt unter diesem Wort stehenden Form zuwenden, dem letzten Wort des zweiten Satzes:

בְּעוֹדִי "in meiner Dauer" ("solange ich bin")

| └ enklitische Partikel בְּ

└——— EPP 1.sg.c. ִי

Das Lexem lautet עוֹד; es heißt eigentlich "Dauer, Fortdauer" (und ist damit ein Substantiv). Aber im Hebräischen sind Nominalformen wesentlich flexibler; sie können ganz unterschiedliche Funktionen ausüben, wie hier etwa als Adverb. Sehen Sie, daß das EPP 1.sg. hier anders als oben vokalisiert ist? Das liegt daran, daß das Wort בְּחַיָּי im Plural steht (das "Leben" ist vielfältig; im Singular kommt es im Hebräischen nicht vor), das Wort עוֹדִי hingegen im Singular.

- Auch das Nomen strebt im Hebräischen danach, mindestens drei Radikale zu haben. Das erste Nomen, das Sie kennengelernt haben, חַי, gehört zur Gruppe der schwachen Nomen: Ihm "fehlt" ein Radikal. In manchen Situationen nun versuchen solche Nomina, ihren fehlenden Buchstaben durch Verdoppelung des zweiten zu ersetzen. Dies wird durch einen *dagesch forte* angedeutet.

- Das Wort עוֹד ist ebenfalls schwach. Wenn Sie es aussprechen, merken Sie, daß es trotz seiner drei Buchstaben nur eine Silbe hat. Das mittlere *waw* ist lediglich *mater lectionis*, es trägt den Vokal *o*. Diese volle Schreibweise nennt man *plene*. Das *waw* könnte genau so gut fehlen; dann wäre das Wort *defektiv* geschrieben: עֹד.

- Im Hebräischen können sich die Partikeln so eng an andere Wörter anlehnen, daß sie mit ihnen verschmelzen. Man nennt das *Enklise*. Auch Personalpronomen können auf diese Weise an Verben, Partikeln und Nomen gehängt werden. Sie heißen dann ***Suffixe*** oder ***Enklitische Personalpronomen, EPP.***

• Steht ein Nomen im Singular, wird das EPP der 1.sg.c. einfach mit der Endung *i* angeschlossen, etwa שִׂיחִי, *meine Kunde*. Einen Plural erkennt man am auslautenden *a*: לֵאלֹהַי, *meinem Gott* (Elohim ist ein *pluralis excellentiae*, ein Hoheitsplural).

Aufgabe: Suchen Sie nach weiteren Nominalformen im Text. Analysieren Sie deren Elemente und schlagen Sie die Wörter im Lexikon nach. Welche Unterschiede erkennen Sie bei den Nomen?

2. Analyse der finiten Verbformen im Text

Entsprechend unseren Beobachtungen an dem Verb אָשִׁירָה wollen wir nun die anderen finiten Verben einer genaueren Betrachtung unterziehen. An finiten Verben finden sich in unserem Psalmtext

הַלְלוּ בָּרֲכִי יִתַּמּוּ אֶשְׂמַח יֶעֱרַב אֲזַמְּרָה אָשִׁירָה.

Wenn Sie sich die sieben Verben unseres Textes anschauen, so fallen signifikante Merkmale auf; Dinge, die die Wörter ähnlich erscheinen lassen, aber auch Lautfolgen und Buchstaben, die sie voneinander trennen.

Bevor Sie weiterlesen, notieren Sie sich bitte auf einem Blatt Ihre eigenen Beobachtungen.

Die ersten beiden Verben אָשִׁירָה und אֲזַמְּרָה weisen an **Gemeinsamkeiten** auf:

• Das א als Kennzeichen der ersten Person *communis generis* der Präformativkonjugation und das ה als Zeichen für den *cohortativ*.

- Beide lauten mit einem langen *a* aus (*Kamez*).

Sie **unterscheiden** sich in folgenden Punkten:

- Der Laut unter dem Personalkennzeichen ist ein anderer (einmal *Kamez,* einmal *chatef patah*).
- Besonders in der Mitte sehen beide Verben völlig anders aus: אָשִׁירָה hat einen langen Vokal (nämlich *i*), אֲזַמְּרָה einen kurzen (*a*); zudem steht hier ein *schwa*, und das מ ist verdoppelt (mit einem *dagesch*).

Die **Gründe** dafür liegen auf zwei Ebenen:
Die Verben gehören verschiedenen *Verbklassen* an, und sie stehen in verschiedenen *binjanim.*

שׁיר ist ein **schwaches Verbum**, eine hohle Wurzel im *qal*, זמר ein **starkes Verbum** tertiae ר im *pi'el.*

- Eine "hohle Wurzel" ist ein Verbum, das einen langen Vokal in seiner Mitte trägt, aber keinen Konsonanten. Das hat wichtige Konsequenzen für die Lautbildung. (☛ SG 56)

- *qal* und *piel* sind *binjanim* (Stämme, Aktionsarten), die verschiedene Aspekte eines Verbums zum Ausdruck bringen können. Während *qal* ("leicht") der Grundstamm ist, der Normalfall, stellt das *piel* einen Intensivstamm dar, der besonders auf die Faktitivität von Ereignissen abzielt. (☛ SG 44). Besonderes Kennzeichen der Intensivstämme ist die **Verdoppelung des mittleren Radikals**, hier deutlich erkennbar am *dagesch* im *mem.*

- Die typischen Kennzeichen für ein starkes Verbum im *piel* sind in der AK *die* Lautfolge *i-e* und in der PK *schwa mobile* (bzw. *chatef patah*) unter dem Personalkennzeichen.

Nehmen wir nun als drittes Verbum אֶשְׂמַח hinzu, so können folgende Beobachtungen gemacht werden:

- Das Personalkennzeichen א trägt hier ein *segol.*
- Das auslautende *he cohortativum* erscheint nicht.
- In der auslautenden Silbe findet sich ein kurzes *a.*

Im Vergleich zum Paradigma אֶכְתֹּב (PK Qal; ☛SG 90) ist hier die zweite Silbe anders gestaltet; der *a*-Laut ist unmittelbare Folge des Gutturals. **Gutturale verändern die normale Lautfolge entscheidend.** Wo immer es möglich ist, versuchen sie, ihren Lieblingslaut unterzuschieben. Meistens ist das ein kurzes *a*, *patah.* Bisweilen bevorzugen sie aber auch ein *segol*; das ist besonders beim א der Fall, wie man auch hier beim Personalkennzeichen sieht.

Die nächsten beiden Verbformen, mit denen wir uns beschäftigen wollen, sind יֶעֱרַב, *"es sei ihm angenehm"* und יִתַּמּוּ,*"es mögen verschwinden"*; auch hier gibt es charakteristische Gemeinsamkeiten und Unterschiede.

- Beide Verben beginnen mit einem י; dies ist das **Zeichen für die 3. Person** in der PK (Formentabelle SG 34). Aber wie man an der Verdeutschung erkennt, ist das eine Wort im Singular, das andere im Plural realisiert. Kennzeichen für den Plural ist das auslautende ו; die PK kann sich also zur näheren Spezifizierung des Numerus auch der Suffixe bedienen.
- Streicht man bei יֶעֱרַב das Personalkennzeichen ab, so erhält man die Verbalwurzel, unter der man das Wort im Lexikon finden kann: ערב, "angenehm sein". Daß die Kontextform im Vergleich mit dem Paradigma des starken Verbums (das im Qal die Lautfolge *i-o* hat: *jiqṭol*; vgl. SG 90) so viele *ä*- und *a*-Laute enthält, geht wieder auf das

Konto des Gutturals (bzw. des ר, das sich in vielen Bereichen wie ein Laryngal verhält).

Traditionell werden in der hebräischen Grammatik **Lautfolgen** paradigmatisch dargestellt. Das konjugierte Verb mit seinen Stärken und Schwächen wird dabei mit der Wurzel קטל realisiert. Das ist insofern bedauerlich, als das Wort "töten" bedeutet und in der Hebräischen Bibel nur sehr selten vorkommt; man sieht, daß das Studium der hebräischen Sprache nicht ungefährlich ist: Der Grammatiker hat bei seinen Studien stets den Tod vor Augen. In modernen Grammatiken und Übersichten ist das Wort oftmals durch ein anderes starkes Verbum, meist כתב ersetzt. Leider läßt sich der Rückgriff auf קטל nicht ganz vermeiden, v.a. dann nicht, wenn die Studierenden in die Lage versetzt werden sollen, auch andere Bücher zu verstehen, in denen dieses Paradigma vorherrscht. Das oben erwähnte Wort *jiqṭol* steht also paradigmatisch für die 3.sg.m.PK Qal des starken Verbums.

Das nächste finite Verbum, יִתַּמּוּ, entspricht in seiner ersten Silbe mit dem *i*-Laut der paradigmatischen Form, weicht aber in der zweiten Hälfte entscheidend ab. Es fallen sofort die beiden dageschierten Buchstaben auf; und nachdem man das י und das ו als Personalkennzeichen für die 3.pl.m. PK identifiziert hat, sieht man, daß lediglich zwei Radikale übrig bleiben, das ת und das מ.

Da das Hebräische nach drei Wurzelkonsonanten verlangt, muß man, um zur Lexikonform zu gelangen, einen dritten Buchstaben ergänzen. Dieses Phänomen begegnet im Hebräischen sehr häufig: Aus Gründen, die in den Tiefen der Sprachgeschichte verborgen bleiben müssen, sind viele Verben nur mit zweien (bisweilen sogar nur einem) Buchstaben überliefert. Man spricht in solchen Fällen von einem **schwachen Verbum.**

- Bei dem Wort יִתַּמּוּ gibt uns der dagesch im מ einen Hinweis auf die *schoresch*: Der *m*-Laut ist verdoppelt, und dies deutet auf einen doppelt vorhanden zweiten Wurzelkonsonanten: √תמם. Die Schwäche, die hier zum Tragen kommt, nennt sich ע"ע (☛ SG 55).

Hinweis: Im Hebräischen kann jede Position der schoresch eine Schwäche aufweisen. Welche dies im einzelnen sind, erfährt man in der SG ab S.50.

- Die Schwäche der Wurzel תמם besteht darin, daß sie lediglich eine kurze Silbe hat; die Kürze wird durch den Doppellaut zum Schluß angedeutet: *tamm*. Dieser Stamm, *tmm*, ist gemeinsemitisch; er findet sich in verschiedenen Sprachen, die alle eigene Ausprägungen und Formen gebildet haben. Im Hebräischen nun, das Doppellaute am Schluß einer Silbe vermeiden möchte, hat man den Doppelkonsonanten so weit wie möglich ausgeklammert und ihn oftmals lediglich durch einen *dagesch* angedeutet.

Verba ע"ע kann man oftmals, aber leider nicht immer, an der Verdoppelung ihrer Stammradikale erkennen.

Die letzten beiden Verben des Textes sehen sich nicht besonders ähnlich, besitzen aber eine wichtige Gemeinsamkeit: Bei beiden handelt es sich um Imperative.

בָּרְכִי ist ein Imp.sg.f. pi. und הַלְלוּ ein Imp.pl.m.pi.; die Wurzel des ersten Wortes ist √ברך, sie ist stark *mediae resch*, und die *schoresch* des zweiten ist √הלל. Sie ist stark *primae gutturalis*, was den *a*-Laut der ersten Silbe bewirkt. Können Sie eine Schwäche erkennen?

Der Imperativ ist eine Aufforderung an das Gegenüber, die zweite Person. Anders als im Deutschen hat der Imp. keinen befehlenden, sondern eher einen werbenden Charakter. Der bzw. die Aufgeforderte kann entscheiden, ob der Aufforderung nachgekommen werden soll oder nicht.

Andere Formen von Aufforderungen sind im Hebräischen die *Selbstaufforderung* (**Kohortativ**) und die *Wunschform der dritten Person*, der **Jussiv** (☛ SG 41). Der Jussiv ist oft von der Grundform nicht zu unterscheiden und kann nur im Kontext erschlossen werden - wie etwa in unserem Text: "Es mögen verschwinden die Übeltäter von der Erde."

Die Imperative folgen in ihrer Bildung der PK. Sie haben die gleichen Endungen, jedoch keine Präformative. So ergibt sich im Singular für das Maskuline eine endungslose Form, für das Femininum ein ִי- am Ende. Der Plural hat im Maskulinum ein וּ-, im seltenen Femininum ein ־ָנָה-. (Vgl. die Tabellen SG 90ff)

- Die Seele, das Leben ist im Hebräischen weiblich. Deshalb ergeht die Aufforderung an die נֶפֶשׁ mit einem Imp.sg.f.: בָּרְכִי. Der Sitz des Lebens ist das Blut. Deshalb ist im Judentum der Blutgenuß verboten: Wenn man schon Tiere essen muß, dann darf man ihnen nicht auch noch ihre Seele nehmen; das Blut fließt beim Schächten in den Boden, und die נֶפֶשׁ gehört Gott.

- Der Psalm schließt mit der Aufforderung an alle Hörer, den Herrn zu loben. יָהּ ist die Kurzform des Tetragramms, die auszusprechen erlaubt ist (☛ SG 13f). Der Imp. הַלְלוּ ist mit einem Bindestrich mit dem Namen verbunden. Dieser Bindestrich heißt *linea maqqef* (☛ SG 23).

3. Der Gottesname

In Vers 32 haben wir bereits das finite Verbum אָשִׁירָה und das Nomen בְּחַיָּי analysiert; eingebettet zwischen diese beiden Wörter ist das n.pr. (Nomen proprium, Eigenname) JHWH. Diese vier Konsonanten bezeichnen den Gottesnamen, der im Judentum nicht ausgesprochen noch ausgeschrieben wird. Damit will man jeder Versuchung widerstreben und jeden Irrtum vermeiden, SEINEN Namen unnütz auszurufen. Wie er wirklich ausgesprochen wurde, weiß man nicht; hier gibt es lediglich Vermutungen und Annäherungen (wie die vielen Varianten in der wissenschaftlichen Literatur verdeutlichen). Als Theologin und Theologe muß man diese Tatsachen reflektieren und Schlußfolgerungen ziehen: Spricht man den Gottesnamen aus, macht man sich im Blick auf das Judentum dialogunfähig: Man kann mit einer Jüdin oder einem Juden nicht von der Erfahrung des Menschen mit Gott reden!

Die Vokale, die unter das Tetragramm (den Gottesnamen) gesetzt wurden, deuten an, daß man hier *ha-schem* lesen soll: "Der Name". Eine andere wichtige Umschreibung für den Gottesnamen ist *Adonai*, Herr. (Vgl. SG 14) Die Lutherbibel folgt dieser Tradition und schreibt "Herr", wo der Gottesname auftaucht; in der Einheitsübersetzung findet sich leider bisweilen der Name ausgeschrieben.

In der zweiten SE des Verses sehen wir eines der wichtigsten Gestaltungsmerkmale der hebräischen Poesie: den **parallelismus membrorum**: Beide Glieder eines Satzes sind parallel aufgebaut, in diesem Fall synonym - sie drücken in einer Variante dasselbe aus. "Ich will dem Herren singen, solange ich lebe - ich will meinem Gott aufspielen, solange ich bin."

Bei dem Nomen "Gott" handelt es sich um eine Gattungsbezeichnung, nicht, wie bei JHWH um einen Namen im eigentlichen Sinne. Dennoch wird im Judentum oftmals der Begriff verfremdet oder abgekürzt: in *Elokim* etwa im Hebräischen, in *G'tt* im Deutschen. Das hebräische Wort אֱלֹהִים steht im Plural. Es ist *pluralis excellentiae*, kann aber auch - ganz ursprünglich - den Plural "Götter" bezeichnen; man muß hier also genau auf den Kontext achten. Da das Wort hier parallel zu JHWH steht, kann es sich auf nichts anderes beziehen als auf IHN.

4. Nomen und Partikeln

4.1 Nomen und Partikeln mit EPP

Wenn Sie genau hinschauen, bemerken Sie, daß das Wort לֵאלֹהַי ähnlich endet wie בְּחַיָּי - mit einem *a*-Laut und einem EPP. Allerdings gibt es auch einen signifikanten Unterschied: לֵאלֹהַי schließt mit einem *patah*, בְּחַיָּי mit einem *kamez*. Das liegt daran, daß בְּחַיָּי am Ende eines Sinnabschnittes steht und damit einer besonderen Betonung unterliegt (i.p.: *in pausa*; vgl. SG 15): Beim Singen wird hier eine kleine Pause eingelegt.

Wir können in diesen ersten Versen drei Möglichkeiten sehen, wie das EPP 1.sg.c. an ein Nomen gehängt wird:

- An ein *Nomen im Singular* bzw. an die Partikel עוֹד erscheint es als ein langes *i*: בְּעוֹדִי - *in meinem Sein*; שִׂיחִי - *meine Rede*; נַפְשִׁי - meine Seele. Hier wird das EPP ausgedrückt durch ein *jod* mit *chirek*: ִי.

- An einem *Nomen im Plural* heißt das EPP ַי
  Als Beispiel sehen wir in unserem Text לֵאלֹהַי, "meinem Gott" (eigentlich Plural).

- Steht das Wort in pausa, ist es also besonders betont, verlängert sich das *patah* zu einem *kamez*: ָי - wie wir deutlich an dem Wort בְּחָיָּי erkennen können.

Das Wort עָלָיו besteht aus **drei Elementen**: Am Ende erkennen wir das **EPP** für die 3.sg.m., das hier aus einem *waw* besteht. Es kann auch andere Erscheinungsformen haben (☛ SG 60); wenn es an manche Partikeln oder an ein Nomen im Plural angeschlossen wird, schiebt sich ein י mit langem *a* (Kamez) zwischen das Wort und das EPP - man spricht hier von einem **Infix**. Das Element ָי hat in diesem Falle keine Bedeutung - es trennt lediglich das EPP ו von der Partikel עַל, die wir im Lexikon leicht finden können. Das Wort ist eine **Präposition** und meint "auf, über".

אֵינָם in V.35b ist zusammengesetzt aus dem **Nomen** אַיִן, das "Nichtsein" bedeutet, und dem **EPP** 3.pl.m ָם-. אַיִן hat im Nominalsatz die Aufgabe, die Aussage zu negieren; es verflüchtigt dabei seinen Laut und gibt den Ton auf die nächste Silbe ab - sei es auf ein eigenständiges Nomen, sei es, wie hier, auf ein EPP. Faktisch hat es damit die Funktion eines Adverbs. V.35b zeigt die prägnante Kürze der hebräischen Sprache; im

Deutschen können wir das Gemeinte syntaktisch kaum nachvollziehen: “Und die Übeltäter: Dauer nicht für sie”.

Wie in vielen anderen Sprachen auch, verbinden sich im Hebräischen Verben mit bestimmten Präpositionen; die Kombination ist dabei oft zufällig und aus mannigfachen sprachgeschichtlichen Ursachen erwachsen, die bisweilen nicht mehr nachvollzogen werden können - man vergleiche etwa das englische “to believe *in*” mit dem deutschen “glauben *an*”. Die Wurzel ערב nun geht mit der Präposition עַל eine Verbindung ein. Es ist “jemandem etwas angenehm”.

Die zweite Sinneinheit von Vers 34 zeigt eine Besonderheit der hebräischen Sprache, die in deutschen Übersetzungen nicht immer nachvollzogen wird (Luther: “Ich freue mich des Herrn”): Das finite Verb birgt die Person in sich. אֶשְׂמַח heißt “ich freue mich”. Aufmerksamen Beobachtern ist sicherlich nicht entgangen, daß diesem finiten Verb ein **eigenständiges Personalpronomen** vorausgeht: אָנֹכִי bedeutet “ich” und gilt für beide Geschlechter. Durch die Voranstellung des Personalpronomens wird eine besondere Betonung erreicht: *Ich, ich freue mich am Herrn.*

Wer genau hinsieht, erkennt wieder, daß die *schoresch* שׂמח mit einer bestimmten Präposition zusammen geht: mit der Partikel בְּ: *sich an jemandem freuen.*

In unserem Text können wir die enklitische Präposition בְּ dreimal beobachten; zweimal hat sie dabei die Form בְּ, einmal erscheint sie als בַּ:

V.33a בְּחַיָּי

V.33b בְּעוֹדִי

V.34b בַּיהוָה

Man sieht, daß sich die Partikel mit einem Nomen (חַי), einer anderen Partikel (עוֹד) und einem Eigennamen verbinden kann.

Neben der enklitischen Präposition בְּ findet sich in unserem Psalm noch die Partikel לְ, die ebenfalls mit ihrem Bezugswort verschmilzt (V.33a לַיהוָה; V.33b לֵאלֹהַי). Sie ist gleichfalls eine Präposition und setzt Dinge in Beziehung: "*für, in bezug auf, hin zu*".

Auch zwei selbständige Partikeln sehen wir in unserem Psalmtext: das bereits erwähnte Wort עֹד und die Präposition אֵת. Letztere ist nur ein Zeichen, ein Morphem ohne semantischen Gehalt: Sie weist darauf hin, daß nun eine **determinierte Zielgröße** folgt.

Als letztes schließlich bleibt die Präposition מִן "aus, von ... weg", die eine gewisse Mittelstellung einnimmt: Sie hat sich als eine eigenständige Präposition nur vor dem Artikel erhalten - wie wir hier sehen können. Trifft sie auf andere Bezugswörter, so verschmilzt auch sie mit dem folgenden Wort. (☛ SG 66)

4.2 Analyse der weiteren Nominalformen

In Vers 35ab findet sich wieder ein *parallelismus membrorum*; hier entsprechen sich zwei verschiedene Formen von Bösewichtern: חַטָּאִים und רְשָׁעִים sind zwei Nomen im *status absolutus* (☛ SG 84ff), die durch die Endung ִים - als maskulin Plural erkennbar sind (☛ SG 29). Die Grundformen findet man im Lexikon unter חַטָּא bzw. רָשָׁע. Im Singular feminin hingegen steht das Wort הָאָרֶץ in V.35a. Die Grundform lautet אֶרֶץ und bedeutet "Erde"; ihr ist der bestimmte Artikel vorangestellt. Der lautet normalerweise הַ mit Schärfung des folgenden Konsonanten (☛ SG 87); das א aber ist ein Guttural und kann nicht verdoppelt werden - deshalb findet Ersatzdehnung statt (ָ *anstelle von* ַ).

5. Syntaktische Beobachtungen

Ein wichtiger Schritt zur analytischen Erschließung eines Textes ist die Erfassung seiner syntaktischen Struktur. Dies geschieht am besten in der Beschreibung seiner semantischen Einheiten: der Sätze. Im Hebräischen kann - anders als im Deutschen - ein Satz durchaus nur aus einem einzigen Wort bestehen (Einwortsätze), und man kann grundsätzlich zwischen Verbal- und Nominalsätzen unterscheiden, die sich dann noch weiter untergliedern lassen. Eine Übersicht bietet die SG ab S.74. Erkennt man die zugrundeliegenden Strukturen eines Satzes, hat man die besten Möglichkeiten, vorhandene Übersetzungen an ihnen zu überprüfen oder eine eigene Verdeutschung vorzunehmen.

Die beiden ersten Verse der Bibel bestehen aus vier Sinneinheiten:

Gen 1,1a בְּרֵאשִׁית בָּרָא אֱלֹהִים אֵת הַשָּׁמַיִם וְאֵת הָאָרֶץ׃
2a וְהָאָרֶץ הָיְתָה תֹהוּ וָבֹהוּ
2b וְחֹשֶׁךְ עַל־פְּנֵי תְהוֹם
2c וְרוּחַ אֱלֹהִים מְרַחֶפֶת עַל־פְּנֵי הַמָּיִם׃

Der erste Satz (1,1a) hat die Struktur "**x-AK**": Das finite Verb befindet sich nicht an erster Satzposition; diese Stelle nimmt ein Nomen ein und bildet das "x" ("Am Anfang"). Die zweite Sinneinheit des Textes (2a) hat die gleiche Struktur; hier ist וְהָאָרֶץ das nonverbale Element. Vers 2b ist ein Nominalsatz (**NoS**): Es findet sich überhaupt kein finites Verb. Auch Vers 2c ist ein Nominalsatz, jedoch mit der Besonderheit, daß ein Partizip (מְרַחֶפֶת, √רחף) Sinnträger des Satzes ist (**NoSpt**). Erst im dritten Vers der Bibel beginnt der Narrativ:

וַיֹּ֥אמֶר אֱלֹהִ֖ים 3a
יְהִ֣י א֑וֹר 3b
וַֽיְהִי־אֽוֹר׃ 3c

In V.3a erkennt man die Grundlage der Primärstruktur: **PKו-x**. V.3b hat ebenfalls ein Verb an erster Satzposition, aber nicht im Narrativ: **PK-x**, und V.3c schildert die Ausführung des Jussivs des vorangehenden Satzes ebenfalls in **PKו-x**.

Aufgabe: Bestimmen Sie die syntaktischen Strukturen der Verse 33-35 von Ps 104.

6. Die masoretischen Akzente

Wenn Sie sich noch einmal genau den Text von Gen 1 anschauen, so fällt Ihnen vielleicht auf, daß über die Vokale hinaus weitere masoretische Zeichen erkennbar sind. Das sind die **Akzente**, die musikalische Bedeutung haben und für die Intonation der Sprache verantwortlich sind. Unabhängig von ihrer weiteren Funktion stehen sie immer dort, wo das Wort betont wird; sie geben den Lesenden also einen wichtigen Hinweis für die Aussprache. Ihre weitere Aufgabe ist es, Wörter miteinander zu verbinden oder sie zu trennen, d.h. sie bestimmen den Lesefluß und die Sprechpausen. Die Bibel soll laut gelesen werden; wer die Schrift studiert, soll sie sich selbst "vormurmeln" und hören. Das hebräische Wort für Bibel lautet *Mikra*, und dieser Begriff ist auf die *schoresch* קרא zurückzuführen, *rufen*. Das gleiche gilt sinngemäß auch für den *Koran*.

Die wichtigsten **trennenden** Akzente sind *Silluq* und *Atnaḥ*.

Der *Silluq* markiert immer das Versende; nach ihm sind später die Verseinteilungen vorgenommen worden. Er besteht aus einem senkrechten Strich unterhalb der Linie in der letzten Silbe und aus einem Doppelpunkt am Wortende. Der *Atnaḥ* sieht aus wie ein spitzes Hütchen unter der Schriftlinie und markiert einen

Halbvers; Wörter am Ende eines Verses oder Halbverses stehen immer *in pausa*, sind besonders betont (SG 14f).

Weitere wichtige trennende Akzente sind *Segolta* (drei Punkte über dem Buchstaben, *Zaqef parvum* und *Zaqef magnum* (ein Doppelpunkt über dem Buchstaben, beim letzteren durch einen Strich verstärkt). Der Akzent *Rebia* sieht aus wie eine kleine Raute über dem Buchstaben.

An verbindenden Akzenten sind u.a. zu nennen *Munaḥ*, *Mereka* (unterhalb der Schreiblinie) und *Azla* (oberhalb der Schreiblinie); man kann sie gut daran erkennen, daß sie in die Richtung des nächsten Wortes weisen.

Trennende Akzente	Verbindende Akzente
Rebia □	
Zaqef parvum □	*Azla* □
Zaqef magnum □	*Mereka* □
Segolta □	*Munaḥ* □
Atnaḥ □	
Silluq □	

Diese Liste beschreibt nur eine Auswahl der zahlreichen Akzente der erzählenden Bücher; die poetischen Texte haben noch einmal eine eigene Gewichtung. Eine vollständige Übersicht findet sich auf dem Einlagezettel der BHS. Die nachfolgenden biblischen Texte sind mit der masoretischen Punktation und Akzentuierung versehen; sie folgen wie die BHS dem Codex Leningradensis (☛ SG 11).

B. Biblische Texte
Vorbemerkung: Anleitung und Beispiele

Im folgenden sollen biblische Texte grammatikalisch und syntaktisch erschlossen werden. Die Länge der Texte entspricht in etwa dem, was in den einzelnen Prüfungsordnungen für das Hebraicum veranschlagt wird. Die Erarbeitung der Texte erfolgt in drei Schritten, die ineinander verwoben sind: Erfassung der Sinneinheiten, Verdeutschung und Wortanalyse.

Die Texte sind bereits nach Sinneinheiten unterteilt und benannt; sie müssen nun nach den oben (S.26ff) genannten Kriterien beschrieben werden. Die erste Sinneinheit etwa im ersten Text, Gen 12,1a, hat die Struktur "PKו-x" und lautet verdeutscht: "Da sprach der Herr zu Abram". Alle Wörter der Texte sind hinten im Glossar aufgeführt, so daß man ohne Lexikon mit dem Studienbuch arbeiten kann. Es empfiehlt sich gleichwohl, die Belege im Wörterbuch zu überprüfen.

Die wichtigsten Wörter der Texte, zumeist Verben, sollen genauer analysiert werden; solche Formbestimmungen gehören auch zur Aufgabenstellung der meisten Prüfungsordnungen. Dabei sollen folgende Elemente enthalten sein:

bei einem finiten Verbum:

Person mit Numerus und Genus, Konjugationsart, *Binjan*, Stärken und Schwächen, *Schoresch*, Bedeutung, Zusätze.

Beispiele:

וַיֹּאמֶר	3.sg.m. PKו, Qal, stark III ר, schwach פ"א, von אמר, Qal: sagen
וַתְּעַנֶּהָ	3.sg.f. PKו, Piel, stark I gutt, schwach ל"ה, von ענה, Piel: schlecht behandeln, +EPP 3.sg.f.
בֹּא־נָא	Imp.sg.m., Qal, schwach ע"ו / ל"א, von בוא, Qal: kommen, in Maqqef-Verbindung mit נָא

bei anderen Verbformen:

Wortart, *Binjan*, Stärken und Schwächen, *Schoresch*, Bedeutung, Zusätze. Beispiele:

לֵאמֹר	inf.cstr., Qal, stark III ר, schwach פ"א, von אמר, Qal: sagen, + לְ

Bei *Partizipien* muß darüber hinaus der Status angegeben werden, wie bei anderen Nomen auch:

מִי־יוֹדֵעַ	st.abs.part.sg.m., Qal, stark III gutt, schwach פ"ו, von ידע, Qal: wissen, in Maqqefverbindung mit מִי.

Bei einem Nomen:

Status, Numerus und Genus, Nomenklasse, Bedeutung. Beispiel:

יָמִים	st.abs.pl.m., nomen primitivum, יוֹם: Tag

Bei einem Nomen mit EPP muß der Status nicht angegeben werden, da hier eine interne c.-a.-Verbindung vorliegt, bei der der Ton auf dem EPP liegt; syntaktisch gesehen, handelt es sich dann bei der Form um einen *absolutus*.

Wenn man ein Wort nicht erkennt, so hat man dennoch die Möglichkeit, es im Glossar zu finden: Alle zu bestimmenden Formen sind numeriert und haben eine Entsprechung im Wörterverzeichnis. Die beigegebenen Verdeutschungen am Schluß und die syntaktische Erschließung wollen nicht absolut verstanden werden, sondern dienen lediglich der Kontrolle; sie sind - wie jede Übersetzung - diskutierbar.

1. Gen 12,1-9

1a.b וַיֹּאמֶר יְהוָה אֶל־אַבְרָם לֶךְ־לְךָ מֵאַרְצְךָ

וּמִמּוֹלַדְתְּךָ וּמִבֵּית אָבִיךָ

b_1 אֶל־הָאָרֶץ אֲשֶׁר אַרְאֶךָּ׃

2a.b.c וְאֶעֶשְׂךָ לְגוֹי גָּדוֹל וַאֲבָרֶכְךָ וַאֲגַדְּלָה שְׁמֶךָ

2d.3a וֶהְיֵה בְּרָכָה׃ וַאֲבָרְכָה מְבָרְכֶיךָ [הָאֲדָמָה׃

3b.3c וּמְקַלֶּלְךָ אָאֹר וְנִבְרְכוּ בְךָ כֹּל מִשְׁפְּחֹת

4a.a_1 וַיֵּלֶךְ אַבְרָם כַּאֲשֶׁר דִּבֶּר אֵלָיו יְהוָה

4b.c וַיֵּלֶךְ אִתּוֹ לוֹט וְאַבְרָם בֶּן־חָמֵשׁ שָׁנִים

וְשִׁבְעִים שָׁנָה בְּצֵאתוֹ מֵחָרָן׃

5a וַיִּקַּח אַבְרָם אֶת־שָׂרַי אִשְׁתּוֹ וְאֶת־לוֹט

a_1 בֶּן־אָחִיו וְאֶת־כָּל־רְכוּשָׁם אֲשֶׁר רָכָשׁוּ

a_2 וְאֶת־הַנֶּפֶשׁ אֲשֶׁר־עָשׂוּ בְחָרָן

5b וַיֵּצְאוּ לָלֶכֶת אַרְצָה כְּנַעַן

5c וַיָּבֹאוּ אַרְצָה כְּנָעַן׃

6a וַיַּעֲבֹר אַבְרָם בָּאָרֶץ עַד מְקוֹם שְׁכֶם

6b עַד אֵלוֹן מוֹרֶה וְהַכְּנַעֲנִי אָז בָּאָרֶץ׃

7a.b וַיֵּרָא יְהוָה אֶל־אַבְרָם וַיֹּאמֶר

7c לְזַרְעֲךָ אֶתֵּן אֶת־הָאָרֶץ הַזֹּאת

7d וַיִּבֶן שָׁם מִזְבֵּחַ לַיהוָה הַנִּרְאֶה אֵלָיו׃

8a וַיַּעְתֵּק מִשָּׁם הָהָרָה מִקֶּדֶם לְבֵית־אֵל

8b וַיֵּט אָהֳלֹה בֵּית־אֵל מִיָּם וְהָעַי מִקֶּדֶם

8c.d וַיִּבֶן־שָׁם מִזְבֵּחַ לַיהוָה וַיִּקְרָא בְּשֵׁם יְהוָה׃

9a וַיִּסַּע אַבְרָם הָלוֹךְ וְנָסוֹעַ הַנֶּגְבָּה׃ פ

Syntaktische Analyse und Verdeutschung

1a Da sprach Gott zu Abrahm:

1b Geh vor dich hin aus diesem Land & v. d. Kindern & dem Haus deines Vaters

b$_1$ hin zu der Erde von der gilt, dass ich sie dir zeigen werde

2.a.b.c Und ich werde dich machen in Bezug auf ein gr. Volk & dich segnen & groß sein lassen deinen Namen.

2d.3a Sei ein Segen gesegnet. Und ich will segnen, die dich segnen.

3b.c Und dich gering machend, * Und sie werden Segen erlangen in dir alle Familien.

4a.a$_1$ Da zog Abrahm wie gesprochen hatte zu ihm Gott.

4b.c Und es zog mit ihm Lot. Und Abrahm Sohn von fünfund-

siebzig Jahren in seinem Hinausgehen von Haran.

5a Da nahm Abrahm Sarai seine Frau & Lot, den

a$_1$ Sohn seines Bruders & allen ihren Besitz, den sie erworben hatten

a$_2$ und das Lebendige von dem gilt, dass sie (es) erworben haben in Haran

5b Und sie gingen hinauf in Bezug auf das Hingehen ihres Landes Kanaan.

5c Da kamen sie (in) ihr Land Kanaan.

6a. Und Abrahm zog in das Land bis zum Ort Sichem, bis nach Elon More.

6b Und die Kanaanäer waren noch in dem Land.

7a.b Und Gott ließ sich dem Abrahm sehen und er sagte.

7c In bezug auf deine Nachkommenschaft *2 auf dieser Erde.

7d Da baute er ein Denkmal um Gott zu opfern der sich ihm gezeigt hatte.

8a Und er brach v. Denkmal auf ins Gebirge, östlich von Bet-El.

8b *3 sein Zelt, Bet-El im Westen und Ai im Osten.

8c.d. Da baute er ein Denkmal um Gott zu opfern & er rief am Denkmal Gott!

9a Da brach Abrahm auf hinzugehen & weiterzuziehen nach Süden

* den verfluche ich

*2 werde ich geben

*3 Und er schlug auf sein Zelt

Formanalysen

1a וַיֹּאמֶר 9 3. Sg. m. PK) √אמר q sagen ...

1b לֶךְ־לְךָ 57 2. Sg. Imp. √הלך + epp. stark I & III Gutt

1b מֵאַרְצְךָ 13

b1 אַרְאֶךָּ 162

2c וַאֲגַדְּלָה 34

2d וֶהְיֵה 45

3a מְבָרְכֶיךָ 32

3b וּמְקַלֶּלְךָ 157

3b אָאֹר 15

3c וְנִבְרְכוּ 31

4a וַיֵּלֶךְ 55

4c בְּצֵאתוֹ 83

5a וַיִּקַּח 107

5a אִשְׁתּוֹ 16

$5a_2$ עָשׂוּ 145

5b לָלֶכֶת 58

7a וַיֵּרָא 165

7c אֶתֵּן 126

7d וַיִּבֶן 26

7d הַנִּרְאֶה 163

8a וַיַּעְתֵּק 148

8b וַיֵּט 121

9a וַיִּסַּע 122

9a הָלוֹךְ 52

Anmerkungen

Genesis 12 gehört zu den wichtigsten Texten der Hebräischen Bibel: Der kurze Abschnitt markiert den Beginn der Vätergeschichten; mit der Segnung Abrams setzt sich das segnende Handeln Gottes aus der Urgeschichte fort. Abram wird der Ahnherr des Volkes, das Gott sich erwählt hat, und an ihm, Israel, wird die Welt sich segnen.

V.1b bietet mit der Form לֶךְ־לְךָ einen besonders intensiven Imperativ; das לְךָ entspricht in etwa dem deutschen "*dativus ethicus*". Martin Buber verdeutscht deshalb: *Geh vor dich hin*. Formal gesehen, könnte es sich hier auch um einen defektiv geschriebenen cohortativischen Imp. handeln לְכָה (☛ SG 39). Der Ausdruck לֶךְ־לְךָ findet sich nur noch Gen 22,2, der Geschichte von der Bindung Isaaks, in der Gott zum letzten Mal mit Abram spricht. So ist die erste und letzte Begegnung Gottes mit Abraham von diesem Imperativ der Wurzel הלך umrahmt. Vgl. dazu D. Vetter, Bindung 433.

Die Wurzel הלך verhält sich so, als hätte sie das י der Verbklasse פ"ו an erster Position; man nennt dieses Wort deshalb "schwach analog פ"ו".

אַרְאֶךָּ in **V.1b₁** ist Hifil; bei dieser *schoresch* gibt es des öfteren Verwechslungsmöglichkeiten bei den *binjanim* Qal und Hifil. Der Kontext allerdings sorgt meist für Eindeutigkeit, ob der Grundstamm oder ein kausativer Aspekt gemeint ist.

In **V.2c** ist וַאֲגַדְּלָה ein an dem ה deutlich erkennbarer *cohortativ*. Da die beiden finiten Verben in **V.2a.b** mit einem EPP schließen, kann kein ה-*cohortativum* angehängt werden. Dennoch macht der Kontext (Imp. in **V.2d**, coh. in **V.2c**) deut lich, daß es sich hier um Wunschformen handelt (☛ SG 41).

Die beiden Verben וַאֲגַדְּלָה und וַאֲבָרֶכְךָ sind PK+ו, nicht PKו - also keine narrativen Formen. Der *a*-Laut könnte dazu verleiten, hier eine erzählende Form anzunehmen, aber das *a* ist allein durch den Guttural א zu erklären, der seinen Lieblingslaut durchsetzt (☛ SG 20) und seinen Kontext beeinflußt (☛ SG 66; für das ו gilt das dort Gesagte sinngemäß). Da die Gutturale nicht geschärft werden können, müßte im Narrativ Ersatzdehnung eintreten, und das א hätte ein Kamez bei sich.

Das Wort אָאֹר in **V.3b** stammt von der schoresch ארר, einem Verbum ע"ע. Diese Verbklasse ist oftmals wenig signifikant und erinnert bisweilen an andere Schwächen (hier ע"ו).

Durch Abrams Nachkommen, Israel, werden alle Familien der Erde gesegnet. Die oftmals anzutreffende Verdeutschung für den Nifal von ברך in **V.3c** "sich Segen wünschen" ist christlich-theologische Abmilderung.

Der *infinitivus constructus* hat im Hebräischen oftmals temporalen Charakter, so auch in **V.4c**. בְּצֵאתוֹ heißt wörtlich: "in seinem Hinausgehen". Im Deutschen werden solche Konstruktionen am besten in einem Nebensatz aufgelöst: "als er hinausging". (☛ SG 41)

Mit וַיִּקַּח in **V.5a** begegnet das andere analog schwache Verbum im Hebräischen. Die Wurzel לקח verhält sich so, als hätte sie ein ן an erster Position (☛ SG 51); sie assimiliert es sogar in den nächsten Radikal (☛ SG 25).

Die Wörter *Bruder, Frau* und *Sohn* gehören zu den *"nomina primitiva"*, zu den ursprünglichen Nomen, die von keinem anderen Nomen oder Verb abgeleitet sind. (SG 32)
An das Segolatum אֶרֶץ in **V.5b** ist ein ה-*lokale* angehängt, das die Richtung angibt (SG 32): *in das Land*. Zum Wesen des ה-*lokale* gehört es, daß es vollkommen unbetont ist: *'arza*.

Da zeigte sich JHWH dem Abram. וַיֵּרָא in **V.7a** steht im Nifal. Das Nifal-*nun* müßte dem nächsten Radikal assimiliert sein. Da dieser ein *resch* ist und nicht geschärft werden kann, findet Ersatzdehnung statt.

Gutturale sind so stark, daß sie ihren Lieblingslaut, das *a*, auch dann noch in eine Silbe einschmuggeln können, wenn diese eigentlich schon durch einen anderen Vokal belegt ist. Dieses Phänomen nennt man *patah furtivum*. Eigentlich sollte das Wort מִזְבֵּחַ, Altar, in **V.7d** *mizbeh* heißen, aber das *a* hat sich zwischen das *e* und das *chet* gedrängt: *mizbeah*. Oftmals kann im Druck das *patah furtivum* nicht korrekt zwischen die beiden Radikale gesetzt werden; das ist nicht nur im Wörterbuch des Wilhelm Gesenius der in Fall, sondern auch in diesem Übungsbuch;eigentlich müßte es ein Stückchen versetzt vor dem *chet* stehen:(חֲ), findet sich aber hier aus drucktechnischen Gründen direkt darunter. הַנִּרְאֶה ist Partizip nif. Deutlich erkennbar ist der Artikel mit *pataḥ* und *dagesch* im nächsten Radikal. Das auslautende lange *ä* deutet auf den *status absolutus* der Verba ל"ה; der *constructus* wird mit *sere* gebildet.

Das erste Wort von **V.8a** וַיַּעְתֵּק weist alle typischen Merkmale des Hifil (PKKF) auf: *pataḥ* unter dem Personalkennzeichen und *sere* zwischen dem zweiten und dritten Wurzelkonsonanten.Von dem Wort וַיֵּט in **V.8b** ist nur ein Radikal in die finite Form eingeflossen. Da hier die Regel gilt, daß nicht zwei Schwächen aufeinander folgen, kann nur vorne und hinten ein Buchstabe zu ergänzen sein; das grenzt die möglichen Kombinationen erheblich ein. Im Lexikon finden wir die *schoresch* unter נטה. In sprachgeschichtlich frühen Zeiten deutete das ה einen beliebigen vokalischen Auslaut an. Vielleicht ist das der Grund, warum in **V.8b** das EPP 3.sg.m. mit einem ה und nicht mit einem ו ausgedrückt ist. Im masoretischen Text ist diese Stelle mit einem *circellus* gekennzeichnet, um auf die ungewöhnliche Schreibweise aufmerksam zu machen. Im Hebräischen kann der *infinitivus absolutus* jedes beliebige finite Verbum ersetzen (SG 39). Die deutsche Sprache kennt ähnliche Phänomene bei ihrem substantiviertem Infiniv. In **V.9a** wird das deutlich: *Da brach Abram stationsweise auf - es war ein Gehen und Aufbrechen - in das Südland*. Im Deutschen klingt es meist besser, wenn ein finites Verb eingesetzt wird. An das Wort *Negev*, das schon zu biblischen Zeiten den Charakter eines Eigennamens hatte, ist hier wieder ein *he-lokale* angehängt. Das פ am Ende des Verses markiert einen masoretischen Sinnabschnitt.

Literaturhinweis:

D. Vetter, Die Bindung Jizchaks. Das sprachliche Werk - "ein mit den Lippen geschlossener Bund", in: ders., Das Judentum und seine Bibel. Gesammelte Aufsätze, Würzburg 1996, 430-453

2. Gen 13,1-12

וַיַּעַל֩ אַבְרָ֨ם מִמִּצְרַ֜יִם ה֠וּא וְאִשְׁתּ֧וֹ	1a
וְכָל־אֲשֶׁר־ל֛וֹ וְל֥וֹט עִמּ֖וֹ הַנֶּֽגְבָּה׃	1a$_1$.1b
וְאַבְרָ֖ם כָּבֵ֣ד מְאֹ֑ד בַּמִּקְנֶ֕ה בַּכֶּ֖סֶף וּבַזָּהָֽב׃	2
וַיֵּ֙לֶךְ֙ לְמַסָּעָ֔יו מִנֶּ֖גֶב וְעַד־בֵּֽית־אֵ֑ל	3a
עַד־הַמָּק֗וֹם אֲשֶׁר־הָ֨יָה שָׁ֤ם אָהֳלֹה֙	3a$_1$
בַּתְּחִלָּ֔ה בֵּ֥ין בֵּֽית־אֵ֖ל וּבֵ֥ין הָעָֽי׃	
אֶל־מְקוֹם֙ הַמִּזְבֵּ֔חַ אֲשֶׁר־עָ֥שָׂה שָׁ֖ם בָּרִאשֹׁנָ֑ה	(4a.a$_1$)
וַיִּקְרָ֥א שָׁ֛ם אַבְרָ֖ם בְּשֵׁ֥ם יְהוָֽה׃ [וְאֹהָלִֽים׃ (und die Zelte)	4b
וְגַ֗ם־לְל֕וֹט הַהֹלֵ֖ךְ אֶת־אַבְרָ֑ם הָיָ֥ה צֹאן־וּבָקָ֖ר	5a
וְלֹֽא־נָשָׂ֥א אֹתָ֛ם הָאָ֖רֶץ לָשֶׁ֣בֶת יַחְדָּ֑ו	6a
כִּֽי־הָיָ֤ה רְכוּשָׁם֙ רָ֔ב וְלֹ֥א יָֽכְל֖וּ לָשֶׁ֥בֶת יַחְדָּֽו׃	6b
וַֽיְהִי־רִ֗יב בֵּ֚ין רֹעֵ֣י מִקְנֵֽה־אַבְרָ֔ם	7a
וּבֵ֖ין רֹעֵ֣י מִקְנֵה־ל֑וֹט	
וְהַֽכְּנַעֲנִי֙ וְהַפְּרִזִּ֔י אָ֖ז יֹשֵׁ֥ב בָּאָֽרֶץ׃	7b
וַיֹּ֨אמֶר אַבְרָ֜ם אֶל־ל֗וֹט	8a
אַל־נָ֨א תְהִ֤י מְרִיבָה֙ בֵּינִ֣י וּבֵינֶ֔יךָ וּבֵ֥ין	8b
רֹעַ֖י וּבֵ֣ין רֹעֶ֑יךָ כִּֽי־אֲנָשִׁ֥ים אַחִ֖ים אֲנָֽחְנוּ׃	8c
הֲלֹ֤א כָל־הָאָ֙רֶץ֙ לְפָנֶ֔יךָ הִפָּ֥רֶד נָ֖א מֵעָלָ֑י	9a.b
אִם־הַשְּׂמֹ֣אל וְאֵימִ֔נָה וְאִם־הַיָּמִ֖ין וְאַשְׂמְאִֽילָה׃	9c.d.e.f
וַיִּשָּׂא־ל֣וֹט אֶת־עֵינָ֗יו	10a
וַיַּרְא֙ אֶת־כָּל־כִּכַּ֣ר הַיַּרְדֵּ֔ן כִּ֥י כֻלָּ֖הּ מַשְׁקֶ֑ה	10b.c
לִפְנֵ֣י ׀ שַׁחֵ֣ת יְהוָ֗ה אֶת־סְדֹם֙ וְאֶת־עֲמֹרָ֔ה	
כְּגַן־יְהוָה֙ כְּאֶ֣רֶץ מִצְרַ֔יִם בֹּאֲכָ֖ה צֹֽעַר׃	
וַיִּבְחַר־ל֣וֹ ל֗וֹט אֵ֚ת כָּל־כִּכַּ֣ר הַיַּרְדֵּ֔ן	11a
וַיִּסַּ֥ע ל֖וֹט מִקֶּ֑דֶם וַיִּפָּ֣רְד֔וּ אִ֖ישׁ מֵעַ֥ל אָחִֽיו׃	11b.c
אַבְרָ֖ם יָשַׁ֣ב בְּאֶֽרֶץ־כְּנָ֑עַן	12a
וְל֗וֹט יָשַׁב֙ בְּעָרֵ֣י הַכִּכָּ֔ר וַיֶּאֱהַ֖ל עַד־סְדֹֽם׃	12b.c

Syntaktische Analyse und Verdeutschung

1a Da zog Abrahm hinauf aus Ägypten. Er und seine Frau und

$1a_1$.1b alle, die zu ihm (gehören) und Lot mit ihm in den Süden.

2 Und Abrahm zu ehren sehr durch Besitz mit Silber & mit Gold

3a Und er ging hin in bezug auf seine Reise aus dem Süden & bis Bet-El.

$3a_1$. Bis in die Region von der gilt, dass sie gewesen ist ein Denkmal seines Zeltes. am Anfang zwischen Bet-El und zwischen dem Ai....

($4a.a_1$) bis zu dem Ort des Altares von dem gilt, dass es gewesen ist ein Denkmal für die Vorfahren.

4b Da nannte Abrahm den Ort: für den Namen Gott.....

5a Und auch in Bezug auf Lot die Gehenden zu Abrahm war ihm es Kleinvieh und Rinder.

6a Und nicht trug sie (Ruhenlassen) die Erde in Bezug auf das (Aufhören) miteinander.

6b In der Tat war ihr Besitz groß & nicht konnten sie in Bezug auf das Ruhenlassen miteinander.

7a Und es geschah ein Streit zw. weidend (das) Vieh Abrahms und zw. weidend (das) Vieh Lots..............

7b Und die Kanaanäer & die Perisiter dann/damals wohnend in dem Land

8a Da sprach Abrahm zu Lot:..................

8b Nicht möge doch du werden von dem Streit zwischen mir und dir und zw.

8c den Weidenden und zw. deinen (meinen) Weidenden. Ja, Männer, Brüder sind wir

9a.b Ist es nicht so, dass alle die ganze Erde vor dir? Trenne dich doch von mir.

9c.d.e.f. Wenn nach links und — und wenn nach rechts & ich mich nach links wende.

10a Da hob Lot seine Augen,..............

10.b.c. Und er sah auf die Gesamtheit des Bezirkes des Jordans. In der Tat sein Ganzes wasserreich (Getränk), vor zu ruinieren (be-) Gott Sodom und Gomorra. So wie ein Garten Gottes so eine Erde Ägyptens wenn nach Zoar kommst.

11a Da prüfte in Bezug auf ihn Lot die ganze Gegend des Jordans.

11b.c. Und aufmachte sich Lot von Osten. Und da trennten sie sich, der Mann v. seinem Bruder

12a Abrahm setzte sich auf die Erde Kanaan...........

12b.c. Und Lot setzte sich in den Städten der Gegend. Und er zeltete bei Sodom.

Formanalysen

V.1 וַיַּעַל 135 ....

V.3 וַיֵּלֶךְ 55 ....

V.3 הָיָה 42 ....

V.4 עָשָׂה 143 ....

V.4 וַיִּקְרָא 159 ....

V5 הַהֹלֵךְ 51 ....

V6 נָשָׂא 125 ....

V6 לָשֶׁבֶת 95 ....

V6 יָכְלוּ 75 ....

V7 וַיְהִי 46 ....

V7 רֹעֵי 175 ....

V7 יֹשֵׁב 92 ....

V8 תְהִי 49 ....

V9 הִפָּרֶד 149 ....

V9 וְאֵימְנָה 81 ....

V9 וְאַשְׂמְאִילָה 177 ....

V10 וַיִּשָּׂא 124 ....

V10 שַׁחֵת 180 ....

V10 בֹּאֲכָה 18 ....

V11 וַיִּבְחַר 23 ....

V11 וַיִּסַּע 122 ....

V12 יָשַׁב 93 ....

V12 וַיֶּאֱהַל 4 ....

Anmerkungen

V.1a וְאִשְׁתּוֹ "und seine Frau": Das Wort אִשָּׁה gehört zu den sog. "ursprünglichen Nomen" und weist einige Besonderheiten auf (SG 30.32).

Mit הוּא וְאִשְׁתּוֹ וְכָל־אֲשֶׁר־לוֹ wird die Grundgröße אַבְרָם wieder aufgegriffen und ergänzt. Der Ausdruck וְכָל־אֲשֶׁר־לוֹ in **V.1a₁** ist kein eigenständiger Satz. Man spricht von einem "Nominalsatzäquivalent" oder einer "Nominalphrase", da das אֲשֶׁר kein Pronomen ist (also nicht Statthalter für eine Grundgröße) und das Subjekt im Deutschen ebenso ergänzt werden muß wie das Prädikat: "und alles, von dem gilt: *Es war* für ihn / *Er hatte* es" > "und alles, was er hatte". וְלוֹט עִמּוֹ ist ein eingeschobener Satz, er steht in Parenthese; mit הַנֶּגְבָּה wird der Hauptsatz wieder aufgegriffen. Das "Südland" ist hier mit einem *he-locale* versehen; obwohl *Negev* ursprünglich eine *Bezeichnung* ist, hat es sich als *Name* verselbständigt und ist auch in den heutigen Sprachgebrauch eingegangen.

Das Wort כָּבֵד in **V.2** meint "schwer"; es kann auch im übertragenen Sinne gebraucht werden: schwer an Geld (=reich), schwer an Ehre (=angesehen); formal gesehen kann es sowohl AK als auch eine Nominalform sein. Ist es AK, so fällt die besondere Lautfolge auf: nicht *a-a*, sondern *a-e*. Diese Lautfolge findet sich bei intransitiven Verben und Verben, die einen Zustand ausdrücken. Auch begegnet in diesem Fall die Lautfolge *a-o* (z.B. קָטֹנְתִּי, *ich bin klein*, Gen 32,11).

אָהֳלֹה in **V.3** weist wieder die besondere Form des EPP auf. Vgl. die Randmasora der BHS und SG 13.

V.4 führt den vorangegangenen Vers weiter. Dieses Phänomen begegnet in der Hebräischen Bibel häufiger; die (später hinzugekommenen) Verszahlen richten sich nicht immer nach der Syntax. Die Verseinteilung erfolgt nach *Atnah* und *Silluq*, die einen halben und ganzen Vers unterteilen. Dabei muß man allerdings bedenken, daß die masoretische Unterteilung eine musikalische, keine grammatikalische ist.

בָּרִאשֹׁנָה in **V.4a**$_1$ trägt einen *synkopierten Artikel;* der Artikel הַ ist mit der Partikel בְּ verschmolzen. Da der nachfolgende Konsonant, das ר, nicht mit einem *dagesch* versehen werden kann, findet Ersatzdehnung statt.

In **V.5a** ist der Ausdruck הַהֹלֵךְ אֶת־אַבְרָם attributiv; das Partizip trägt den Artikel, weil es dem Eigennamen לוֹט gleichgeordnet ist und Eigennamen immer determiniert sind. אֶת־ ist hier nicht Hinweiszeichen auf eine determinierte Zielgröße, sondern die Präposition "mit".

In **V.6a** können wir eine Inkongruenz beobachten: נָשָׂא ist maskulin, obgleich das dazugehörige Nomen הָאָרֶץ feminin. ist. Das Wort רָב im *kī-Satz* kann auf zweierlei Weise verstanden werden: viel/groß im absoluten Sinne, aber auch vergleichend: ihr Besitz war *zu* groß, als daß sie beieinander siedeln konnten. So kommt es zum Streit, den **V.7** schildert. Das letzte Wort in **V.7b**, בָּאָרֶץ, ist ersatzgedehnt. Die Partikel בְּ und der Artikel verschmelzen zu einem Zeichen, und weil das א - wie oben das ר - nicht geschärft werden kann, wird der Vokal gelängt (בָּ); das wirkt sich sogleich auch auf die folgende Silbe aus, die ebenfalls lang ist.

Daß רֹעֵי in **V.8c** Plural ist, kann man nur am Pataḥ erkennen; "mein Hirte" heißt רֹעִי (SG 62.114).

Der Ausdruck אַל־נָא תְהִי ist sowohl an der Partikel אַל als auch am finiten Verb als Jussiv zu identifizieren. אַל ist die Negation des Jussiv, und תְּהִי ist Kurzform. Die Kurzform hat im Hebräischen zwei Aufgaben: Sie markiert den Narrativ und, wie hier, den Jussiv. Diese beiden Formen sind nicht zu verwechseln, da der Narrativ immer seine typische Lautfolge aufweist (*Pataḥ* unter dem *waw* und *dagesch* im nächsten Radikal). Die Kurzform kann bei den Verba ל"ה an der Elision des dritten Radikals erkannt werden. Die LF lautet תִּהְיֶה.

Das ה in הֲלֹא in **V.9a** ist nicht Artikel, sondern Fragepartikel; das Wort הֲלֹא stellt den ganzen Ausdruck in Frage: "Ist es nicht so ...?"

הִפָּרֶד ist Imp.nif.; die Vorsilbe lautet hier הִן, wobei das נ assimiliert ist, wie man am *dagesch* im פ deutlich sehen kann.

Die beiden Verben וָאֵימְנָה und וַאַשְׂמְאִילָה in **V.9c.d.e.f** sind, was im Hebräischen äußerst selten vorkommt, von einem Nomen abgeleitet. Deshalb ist bei dem zweiten Wort auch die Regel außer Kraft gesetzt, daß ein hebräisches Verbum immer drei Wurzelkonsonanten haben muß. In diesem Falle finden wir das Wort im Lexikon unter den Radikalen שׂמאל; die vorliegende Bildung ist ein Hifil, bei dem sich das *jod* diesmal zwischen den dritten und vierten Radikal verirrt hat. Auch וָאֵימְנָה ist hif. Die syntaktische Struktur der letzten vier Sinneinheiten von V.9 ist dabei jeweils von einem NoS geprägt, der mit einem Einwortsatz (jeweils PK+ו) weitergeführt wird.

Das doppelt schwache Verbum וַיִּשָּׂא in **V.10a** ist im Lexikon rasch aufgespürt; daß an erster Position ein ן zu ergänzen ist, erkennt man am *dagesch*, der auf die entsprechende Assimilation deutet.

עֵינָיו ist das Wort "Auge" im Plural (genauer: Dual) mit EPP; den Plural (bzw. Dual) erkennt man am י zwischen dem Wortstamm und dem EPP. Der Dual begegnet im Hebräischen immer dort, wo man auf eine naturgegebene Zweiheit trifft. Er ist lediglich im st.a. vom Plural maskulin zu unterscheiden (☛ SG 29).

Wenn die Partikel כֹּל auf ein EPP trifft, lautet sie zu *u* ab, wie hier bei כֻּלָּהּ in **V.10c**. Das EPP bezieht sich zurück auf den Jordan. לִפְנֵי kann - wie hier - durchaus auch temporale Bedeutung haben: *bevor*. שַׁחֵת ist Inf.c.: "Vor dem Vernichten des Herrn Sodoms" (=*bevor der Herr Sodom vernichtet hatte*). בֹּאֲכָה ist Inf.cstr. mit dem EPP 2.sg.m in seiner vollen Form; wie in der deutschen Floskel ist es verallgemeinernd: "Wenn du nach Zoar kommst" – "Wenn man nach Zoar kommt".

In **V.12a** begegnet uns eine *freie Inversion*: Das Nomen *Lot* nimmt die erste Satzposition ein, ohne daß dies grammatikalisch notwendig wäre; dadurch wird es besonders betont. Damit ist die Position belegt (es kann kein PKו mehr stehen), und es setzt eine Inversion zu x-AK ein.

3. Gen 16,1-9

1a וְשָׂרַי֙ אֵ֣שֶׁת אַבְרָ֔ם לֹ֥א יָלְדָ֖ה ל֑וֹ

1b.c וְלָ֛הּ שִׁפְחָ֥ה מִצְרִ֖ית וּשְׁמָ֥הּ הָגָֽר׃ [יְהוָה֙ מִלֶּ֔דֶת

2a.b וַתֹּ֨אמֶר שָׂרַ֜י אֶל־אַבְרָ֗ם הִנֵּה־נָ֞א עֲצָרַ֤נִי

2c.d בֹּא־נָא֙ אֶל־שִׁפְחָתִ֔י אוּלַ֥י אִבָּנֶ֖ה מִמֶּ֑נָּה

2e וַיִּשְׁמַ֥ע אַבְרָ֖ם לְק֥וֹל שָׂרָֽי׃ [שִׁפְחָתָ֔הּ

3a וַתִּקַּ֞ח שָׂרַ֣י אֵֽשֶׁת־אַבְרָ֗ם אֶת־הָגָ֤ר הַמִּצְרִית֙

מִקֵּץ֙ עֶ֣שֶׂר שָׁנִ֔ים לְשֶׁ֥בֶת אַבְרָ֖ם בְּאֶ֣רֶץ כְּנָ֑עַן

3b וַתִּתֵּ֥ן אֹתָ֛הּ לְאַבְרָ֥ם אִישָׁ֖הּ ל֥וֹ לְאִשָּֽׁה׃

4a.b וַיָּבֹ֥א אֶל־הָגָ֖ר וַתַּ֑הַר

4c.c_1.d וַתֵּ֙רֶא֙ כִּ֣י הָרָ֔תָה וַתֵּקַ֥ל גְּבִרְתָּ֖הּ בְּעֵינֶֽיהָ׃

5a.b וַתֹּ֨אמֶר שָׂרַ֣י אֶל־אַבְרָם֮ חֲמָסִ֣י עָלֶיךָ֒

5c.d.d_1 אָנֹכִ֗י נָתַ֤תִּי שִׁפְחָתִי֙ בְּחֵיקֶ֔ךָ וַתֵּ֙רֶא֙ כִּ֣י הָרָ֔תָה

5e.f וָאֵקַ֖ל בְּעֵינֶ֑יהָ יִשְׁפֹּ֥ט יְהוָ֖ה בֵּינִ֥י וּבֵינֶֽיךָ׃

6a.b וַיֹּ֨אמֶר אַבְרָ֜ם אֶל־שָׂרַ֗י הִנֵּ֤ה שִׁפְחָתֵךְ֙ בְּיָדֵ֔ךְ

6c עֲשִׂי־לָ֖הּ הַטּ֣וֹב בְּעֵינָ֑יִךְ

6d.e וַתְּעַנֶּ֣הָ שָׂרַ֔י וַתִּבְרַ֖ח מִפָּנֶֽיהָ׃

7a וַֽיִּמְצָאָ֞הּ מַלְאַ֧ךְ יְהוָ֛ה עַל־עֵ֥ין הַמַּ֖יִם בַּמִּדְבָּ֑ר

עַל־הָעַ֖יִן בְּדֶ֥רֶךְ שֽׁוּר׃ [וְאָ֣נָה תֵלֵ֑כִי

8a.b.c וַיֹּאמַ֗ר הָגָ֞ר שִׁפְחַ֥ת שָׂרַ֛י אֵֽי־מִזֶּ֥ה בָ֖את

8d.e וַתֹּ֕אמֶר מִפְּנֵי֙ שָׂרַ֣י גְּבִרְתִּ֔י אָנֹכִ֖י בֹּרַֽחַת׃

9a.b וַיֹּ֤אמֶר לָהּ֙ מַלְאַ֣ךְ יְהוָ֔ה שׁ֖וּבִי אֶל־גְּבִרְתֵּ֑ךְ

9c וְהִתְעַנִּ֖י תַּ֥חַת יָדֶֽיהָ׃

Syntaktische Analyse und Verdeutschung

1a Und Sarai, die Frau des Abrahm nicht gebar sie ihm

1b.c Und in Bezug auf ihre ägypt. Sklavin – ihr Name war Hagar. Gott von zu schomma

2a.b Und Sarai sagte zu Abrahm: Siehe doch, verschlossen (ist mein Mutterleib).

2c.d Geh doch hin zu meiner Sklavin, vielleicht werde ich erbaut aus ihrem Teil.

2e Da hörte Abrahm in Bezug auf die Stimme Sarais. Ihre Sklavin

3a Da brachte Sarai die Frau Abrahms ihm Hagar, die Ägypterin

einige Zeit später zehn Jahre in Bezug auf das Sich-fern-Halten Abrahm auf der Erde Kanaan,

3b Und sie gab ihr in Bezug auf Abrahm ihren Mann in Bezug auf ihm in Bezug auf (die) Frau.

4a.b Und er ging zu Hagar und sie wurde schwanger

4c.c_1.d. Da sah sie, dass sie schwanger ist und ihre Herrin war gering in ihren Augen.

5a.b Da sprach Sarai zu Abrahm: (Mir (ist) Gewalt von dir) „Mein Unrecht komme über dich!"

5c.d.d_1 Ich habe gegeben meine Sklavin in deinen Schoß. Und als sie sah, dass sie schwanger werde

5e.f da war ich gering in ihren Augen. Möge Gott richten zw. mir & zw. dir.

6a.b Da sprach Abrahm zu Sarai: Siehe deine Sklavin in deiner Hand.

6c Mache mit ihr was gut in deinen Augen.

6d.e Da zwang Sarai sie & sie floh von ihrem Angesicht.

7a Da fand sie ein Engel Gottes vor dem Wasserbrunnen in der Wüste,

vor dem Brunnen auf dem Weg (nach) Schur. (Und sie klagte)

8a.b.c Da sagte er: Hagar, die Sklavin der Sarai: Woher kommst du?

8d.c Da sagte sie: Vor dem Angesicht Sarais meiner Herrin flüchte ich

9a.b Da sprach zu ihr der Engel Gottes: Kehre um zu deiner Herrin

9c Und beuge dich unter ihre Hand

Formanalysen

V.1 יָלְדָה 79 ....

V.2 עֲצָרַנִי 140 ....

V.2 מִלֶּדֶת 80 ....

V.2 בֹּא־נָא 19 Imp. Sg. m. √בוא q. kommen, gehen schwach I"א, ע"ו +epp

V.2 אִבָּנֶה 24 1. Sg. c. PK √בנה q. bauen, aufbauen schwach ל"ה

V.2 וַיִּשְׁמַע 185 3. Sg. m. PK √שמע q. hören stark III. Gutt

V.3 וַתִּקַּח 108 3. Sg. f. PK √לקח q. nehmen, bringen stark III. Gutt

V.3 לְשֶׁבֶת 95 ....

V.3 וַתִּתֵּן 128 ....

V.4 וַיָּבֹא 22 3. Sg. m. PK √בוא q. kommen, gehen ....

V.4 וַתַּהַר 63 3. Sg. f. PK √הרה q. schwanger werden, sein stark I Gutt, II Gutt + III ה

V.5 וַתֹּאמֶר 10 ....

V.5 וָאֵקַל 156 ....

V.6 עֲשִׂי־לָהּ 146 ....

V.6 וַתְּעַנֶּהָ 138 3. Sg. f. PK √ענה pi. zwingen stark I Gutt, schwach ל"ה

V.6 וַתִּבְרַח 29 ....

V.7 וַיִּמְצָאָהּ 114 ....

V.8 בָאת 20 ....

V.8 תֵלֵכִי 60 ....

V.8 בֹּרַחַת 28 ....

V.9 וְהִתְעַנִּי 137 ....

Anmerkungen

In **V.1a** ist die Inversion zu x-AK obligatorisch, da die Negation לֹא die erste Satzposition einnimmt; die Voranstellung des Personennamens und die eigentlich unnötige Erläuterung, wer Sarai ist, wirkt als retardierendes Moment und steigert damit die Spannung.

Die Partikel נָא wird bisweilen an einen Imperativ angehängt, um diesen zu verstärken - wie hier in **V.2c**; im Deutschen kann dies am besten mit einem "doch" wiedergegeben werden. Auch an einer emphatischen Partikel findet sich diese Verstärkung (הִנֵּה־נָא in **V.2b**). Der Inf.c. מִלֶּדֶת ist typisch für die Verba פ"ו: Wegfall des schwachen Radikals, ת am Ende und zweimal Segol.

Das finite Verbum אִבָּנֶה in **V.2d** ist ein Wortspiel: Der Wurzel בנה ist eine Wortbedeutung "Kinder erhalten" fremd; sie heißt nur "bauen" bzw. im Nifal "erbaut werden". Allein phonetisch schwingt das Lexem בֵּן, *Sohn*, mit. Das Wort מִמֶּנָּה, ebenfalls in **V.2d**, ist zusammengesetzt aus der reduplizierten Partikel מִן, einem ן-energicum und dem EPP 3.sg.f. Ein Nomen mit EPP ist in sich eine c.-a.-Verbindung; wenn an ein Femininum ein Suffix angehängt wird, erscheint deshalb vor dem EPP ein ת, wie hier in שִׁפְחָתִי, *meine Magd*. Im Lexikon findet man das Wort unter שִׁפְחָה. שמע mit der Partikel לְ in **V.2e** heißt "hören auf", "gehorchen".

In **V.3a** hat der Inf.c. לְשֶׁבֶת temporale Bedeutung: "nach Verlauf von", "nachdem". Das EPP 3.sg.f. hat nach konsonantischem Auslaut die Form ָה wie hier in שִׁפְחָתָהּ und אֹתָהּ, nach vokalischem Auslaut heißt es ָהּ. Am Ende von **V.3b** sind die Formen אִישָׁהּ und אִשָּׁה verwechslungsfähig: אִישָׁהּ ist das Lexem אִישׁ, *Mann*, mit dem EPP 3.sg.f., und אִשָּׁה heißt *Frau*. Obwohl sich die Wörter sehr ähnlich sehen, haben sie etymologisch nichts miteinander zu tun. Der *dagesch* im שׁ von אִשָּׁה deutet auf ein assimiliertes ן; tatsächlich ist *inschā* die weibliche Form von *enosch*, was einfach "Mensch" bedeutet. Die beiden

Wörter haben gegenüber ihrem gemeinsamen Buchstabenbestand jeweils einen überzähligen Konsonanten; die Rabbinen sehen darin eine Widerspiegelung der Schöpfung: In Gen 1,27 heißt es, daß der Mensch Gottes Ebenbild sei *als Mann und als Frau*. Nur *ein* Geschlecht ist nicht Gottes Ebenbild. Erst wenn אִישׁ und אִשָּׁה zusammenkommen ergibt sich aus den überschüssigen Buchstaben der Gottesname יָהּ. Wenn Gott in der Begegnung nicht anwesend ist, bleibt אֵשׁ, *Feuer* (bSota 17a).

Die 3.sg.f. AK wird normalerweise durch ein an die *schoresch*. angehängtes ה ָ gebildet (z.B. √כתב - כָּתְבָה). Das geht bei Verba ל"ה nicht, da diese vokalisch auslauten. Hier wird ein ת vor der Personalendung eingefügt, wie hier in **V.4c₁** bei הָרָתָה.

Die *schoresch* von וַתֵּקַל in **V.4d** ist, wie meistens bei den Verba ע"ע, nicht ganz leicht herauszufinden.

Der Ausdruck חֲמָסִי עָלֶיךָ in **V.5b** ist ein Nominalsatz; an seiner Form kann man nicht erkennen, daß er konjunktivisch gemeint ist. Dies wird lediglich aus dem Sinnzusammenhang deutlich. Ähnliches gilt für יִשְׁפֹּט am Ende des Verses; daß es sich um einen Jussiv handelt, ist am Wort selbst nicht erkennbar.

Das Wort חֵיק in **V.5c** wird zumeist mit "Busen" oder "Schoß" wiedergegeben; es meint hier die Zonen am eigenen Körper, die berührt werden, wenn man jemanden in die Arme nimmt. In diesem Satz wird die besondere Erregung, die Sarai ergriffen hat, schon in der Syntax deutlich: Der Satz ist frei invertiert, und an erster Stelle befindet sich ein eigenständiges Personalpronomen: "Ich, ich habe dir meine Magd in die Arme gelegt."

V.6c ist ein Beispiel dafür, wie offen Sprache sein kann. הַטּוֹב ist ein absolut stehendes Wort; es kann "das Gute" bedeuten. Im Deutschen haben wir jedoch das sprachliche Mittel des Superlativs, der hier das Gemeinte besser ausdrücken kann: *Verfahre mit ihr, wie es das Gute ist in deinen Augen > Verfahre mit ihr, wie es in deinen Augen das Beste ist.* Das Beste ist jedoch nicht gut für Hagar!

וַתְּעַנֶּהָ in **V.6d** geht zurück auf die Wurzel ענה; der *dagesch* im ן deutet auf Piel, das auslautende הָ ist EPP 3.sg.f.

מַלְאַךְ יְהוָה in **V.7a** heißt ***der Bote des Herren***; “Bote” ist in der *constructus-absolutus-Verbindung* durch den Eigennamen determiniert, desgleichen der Ausdruck עֵין הַמַּיִם durch den Artikel.

אֵי־מִזֶּה und אָנָה in **V.8bc** bilden ein Paar: *woher* und *wohin*.

Wie im Deutschen ist es im Hebräischen möglich, die Wörter eines Satzes in unterschiedlicher Reihenfolge zu bringen, ohne daß sich dabei der grundlegende Sinn verschiebt (Permutation); gleichwohl kommt dabei eine unterschiedliche Betonung zum Tragen, wie in **V.8e** deutlich wird: Die Nennung Sarais am Satzanfang beantwortet direkt die erste Frage des Boten und läßt schlagartig klar werden, daß Hagar auf die zweite keine Antwort weiß.

בֹּרַחַת ist pt.sg.f.; die *a*-Laute (gegenüber den üblichen beiden Segols) erklären sich durch den Guttural bzw. das *resch*.

Literaturhinweise:

M. Konradt, Die Bedrückung von Menschen und die Zuwendung Gottes. Beobachtungen zu Gen 16, in: F. Matheus (Hg.), “Dieses Volk schuf ich mir, daß es meinen Ruhm verkünde”, FS D. Vetter, Duisburg 1992, S.9-24

P. Navè Levinson, Was wurde aus Saras Töchtern? Frauen im Judentum, Gütersloh 1989, 46-51

Ph. Trible, Mein Gott, warum hast du mich verlassen? Frauenschicksale im Alten Testament, Gütersloh 1987

H. Irsigler, Erhörungsmotiv und Ismaelname in Gen 16,11 und 21,17, in: M. Görg (Hg.), Die Väter Israels, FS J. Scharbert, Stuttgart 1989, S.107-113

4. Genesis 16,10-17,4

[אֶת־זַרְעֵ֔ךְ
וַיֹּ֤אמֶר לָהּ֙ מַלְאַ֣ךְ יְהוָ֔ה הַרְבָּ֥ה אַרְבֶּ֖ה 10a.b
וְלֹ֥א יִסָּפֵ֖ר מֵרֹֽב׃ וַיֹּ֤אמֶר לָהּ֙ מַלְאַ֣ךְ יְהוָ֔ה 10c.11a
הִנָּ֥ךְ הָרָ֖ה וְיֹלַ֣דְתְּ בֵּ֑ן וְקָרָ֤את שְׁמוֹ֙ יִשְׁמָעֵ֔אל 11b.c.d
כִּֽי־שָׁמַ֥ע יְהוָ֖ה אֶל־עָנְיֵֽךְ׃ 11e
וְה֤וּא יִהְיֶה֙ פֶּ֣רֶא אָדָ֔ם 12a
יָד֣וֹ בַכֹּ֔ל וְיַ֥ד כֹּ֖ל בּ֑וֹ 12b.c
וְעַל־פְּנֵ֥י כָל־אֶחָ֖יו יִשְׁכֹּֽן׃ 12d
וַתִּקְרָ֤א שֵׁם־יְהוָה֙ הַדֹּבֵ֣ר אֵלֶ֔יהָ 13a
אַתָּ֖ה אֵ֣ל רֳאִ֑י כִּ֣י אָֽמְרָ֗ה 13b.c
הֲגַ֥ם הֲלֹ֛ם רָאִ֖יתִי אַחֲרֵ֥י רֹאִֽי׃ 13d
עַל־כֵּן֙ קָרָ֣א לַבְּאֵ֔ר בְּאֵ֥ר לַחַ֖י רֹאִ֑י 14a
הִנֵּ֥ה בֵין־קָדֵ֖שׁ וּבֵ֥ין בָּֽרֶד׃ 14b
וַתֵּ֧לֶד הָגָ֛ר לְאַבְרָ֖ם בֵּ֑ן וַיִּקְרָ֨א אַבְרָ֧ם שֶׁם־בְּנ֛וֹ 15a.b
אֲשֶׁר־יָלְדָ֥ה הָגָ֖ר יִשְׁמָעֵֽאל׃ 15(b)b_1
וְאַבְרָ֕ם בֶּן־שְׁמֹנִ֥ים שָׁנָ֖ה וְשֵׁ֣שׁ שָׁנִ֑ים 16a
בְּלֶֽדֶת־הָגָ֥ר אֶת־יִשְׁמָעֵ֖אל לְאַבְרָֽם
וַיְהִ֣י אַבְרָ֔ם בֶּן־תִּשְׁעִ֥ים שָׁנָ֖ה וְתֵ֣שַׁע שָׁנִ֑ים 17,1a
וַיֵּרָ֨א יְהוָ֜ה אֶל־אַבְרָ֗ם וַיֹּ֤אמֶר אֵלָיו֙ 1b.c
אֲנִי־אֵ֣ל שַׁדַּ֔י הִתְהַלֵּ֥ךְ לְפָנַ֖י וֶהְיֵ֥ה תָמִֽים׃ 1d.e.f
וְאֶתְּנָ֥ה בְרִיתִ֖י בֵּינִ֣י וּבֵינֶ֑ךָ 2a
וְאַרְבֶּ֥ה אוֹתְךָ֖ בִּמְאֹ֥ד מְאֹֽד׃ 2b
וַיִּפֹּ֥ל אַבְרָ֖ם עַל־פָּנָ֑יו 3a
וַיְדַבֵּ֥ר אִתּ֛וֹ אֱלֹהִ֖ים לֵאמֹֽר׃ 3b
אֲנִ֕י הִנֵּ֥ה בְרִיתִ֖י אִתָּ֑ךְ וְהָיִ֕יתָ לְאַ֖ב 4a.b
הֲמ֥וֹן גּוֹיִֽם׃

Syntaktische Analyse und Verdeutschung

10a.b Da sprach zu ihr der Engel des HERRN: Ich werde zahlreich machen um zahlreich zu machen

10c.11a und nicht wird gezählt werden aus der Fülle. Und der Engel des HERRN sagte zu ihr:

11b.c.d Siehe, du (bist) schwanger und gebärend einen Sohn & du wirst rufen seinen Namen: Ismael.

11e Denn ... der HERR hörte auf dein Elend.

12a Und er wird ... ein wilder Esel von einem Menschen sein ...

12b.c Sein Hand gegen alle & die Hand aller gegen ihm.

12d Und all seinen Brüdern zum Trotz wird er bleiben.

13a Da rief sie (den) Namen des HERRN, der Sprechende zu ihr:

13b.c Du (bist) der Gott der Erscheinung. Denn sie sagte sich:

13d Habe ich denn nicht hier dem nachgesehen hinter der Erscheinung.

14a Deshalb ruft man in Bez. Brunnen, Brunnen in Bez. auf das Leben der Erscheinung.

14b Siehe, zw. Kadesch auf d. & zw. Bared (liegt er).

15a.b Und Hagar gebar in Bez. auf Abraham einen Sohn & Abraham rief den Namen seines Sohnes

15(b)b$_1$ von dem gilt, dass Hagar ein Kind geboren hatte, den Ismael, in Bezug auf Abraham

16a Und Abraham war 86 Jahre alt als Hagar Ismael zur Welt brachte ...

17,1a Und Abraham wurde 99 Jahre alt ...

1b.c Da sah der HERR auf Abraham & sein Gott sprach: ...

1d.e.f Ich bin der allmächtige Gott. Wandle vor meinem Angesicht & sei tadellos!

2a & ein Lohn mein Bund zwischen mir & zwischen dir. ...

2b Ich werde zahlreich machen deine Zeichen in der Kraft ... sehr ...

3a Da fiel Abraham auf sein Angesicht. ...

3b Und Gott sprach mit ihm ... in Bezug auf das Sagen:

4a.b Ich, siehe, mein Bund mit dir. Und du wirst in Bezug auf einen Vater eines lärmenden Volksmenge.

Formanalysen

V.10 הַרְבָּה אַרְבֶּה 169 ....

....

V.10 יִסָּפֵר 131 ....

V.10 מֵרֹב 167 ....

V.11 הִנָּךְ 61 ....

V.11 וְיֹלַדְתְּ 77 ....

V.11 וְקָרָאת 160 ....

V.12 יִשְׁכֹּן 184 ....

V.13 הַדֹּבֵר 38 ....

V.13 אָמְרָה 7 ....

V.15 וַתֵּלֶד 78 ....

V.15 יָלְדָה 79 ....

V.16 בְּלֶדֶת 76 ....

17,1 וַיֵּרָא 165 ....

V.1 הִתְהַלֵּךְ 53 ....

V.1 וֶהְיֵה 45 ....

V.2 וְאֶתְּנָה 127 ....

V.2 וְאַרְבֶּה 170 ....

V.3 וַיִּפֹּל 123 ....

V.3 וַיְדַבֵּר 39 ....

Anmerkungen

Die Partikel לְ ist in **V.10a** mit dem EPP 2.sg.f. verschmolzen, das hier - nach einem Konsonanten - ָהּ lautet. Nach einem Vokal hat das EPP die Form הָ. In **V.10b** begegnet uns eine sogenannte *figura etymologica*: Einem finiten Verb wird ein absoluter Infinitiv vorangestellt, um das Gemeinte zu verstärken: “Mehren, ja mehren will ich deinen Samen”. Der inf.a. kann im Hebräischen darüber hinaus jedes finite Verb ersetzen, insbesondere den Imp. Die Mehrungsverheißung an Hagar schließt nahtlos an die Verheißungen an Sarai und Abram an (vgl. hier im Text 17,2).

Die Partikel מִן in **V.10c** (מֵרֹב) trägt hier ein *sere*, da das ן dem ר nicht assimiliert werden kann. Die Lautfolge *i-a-e* bei יִסָּפֵר ist typisch für den Nifal; das ס erhält einen *dagesch*, weil das Nifal-ן assimiliert ist. Die feminine Endung bei dem Wort וְיֹלַדְתְּ in **V.11c** bewirkt einen Doppelkonsonanten am Schluß; er wird genauso ausgesprochen wie *dt* im Deutschen (etwa bei “Stadt”). Der Name des Kindes soll Ismael sein. Damit ist Abram auch Stammvater der arabischen Völkerwelt (Gen 25,12-18). In **V.11d** wird deutlich, daß auch die Mutter das Recht hat, ihrem Kind einen Namen zu geben, und nicht, wie häufig angenommen, nur der Vater, der in **V.15b** lediglich Hagars Willen entspricht.

V.11e erklärt den Namen etymologisch; man spricht dabei von einer “Namensätiologie”. Im Hebräischen sind (fast) alle Namen Sätze; sie sollen etwas über das neugeborene Kind und/ oder die Umstände der Geburt sagen.

Die Voranstellung des selbständigen Personalpronomens in **V.12a** drückt eine besondere Betonung aus. יִהְיֶה ist PKLF und bezeichnet die absehbare Zukunft (nicht einen Wunsch). פֶּרֶא und אָדָם bilden einen Prädikatsverband: “Er, er wird sein ein Wildesel von einem Menschen” (ein “Wildeselmensch”).

Dem Ausdruck וְעַל־פְּנֵי in **V.12d** haftet ein feindlicher Aspekt an; der Satz wird in Gen 25,18 wieder aufgegriffen und verifiziert.

Die Wurzel דבר kommt fast nur im Piel vor; im Qal findet sich selten einmal, wie hier in **V.13a**, das Partizip. הַדֹּבֵר ist der Grundgröße gleichgeordnet - der Artikel greift ihre Determination auf; im Deutschen muß man eine solche Konstruktion in einem Nebensatz auflösen.

Die Verse 13 und 14 sind nicht leicht zu verstehen; bei der Überlieferung der Erzählung sind hier mehrere Fäden zusammengelaufen, wie an der zweifachen Namensätiologie (Gott und der Brunnen) deutlich wird. רֳאִי in **V.13b** wird oftmals als Nomen "das Sehen" verstanden, aber das ist nicht sehr wahrscheinlich. Denn dann würde Hagar die Macht haben, Gott zu benennen ("Du bist El-Roi"; "du bist der allsehende Gott"), und das ist aus biblischer Sicht unmöglich. Vielmehr ist der Ausruf ein Ausdruck der Erfahrung, die Hagar gemacht hat, und damit vereindeutigt die zugrundeliegende Theologie die Grammatik: das י in רֳאִי kann nur ein EPP sein, und das *kamez chatuf* erklärt sich als i.p. stehender partizipialer *o*-Laut: "du bist der mich sehende Gott". Daß das Partizip in **V.13d** und **14a** unter gleichen Umständen anders geschrieben ist (רֹאִי), muß nicht verwundern; so etwas kommt vor. Das Lexem אמר kann, wie hier in **V.13c**, die Bedeutung haben "sich sagen, sich denken".

Typisch für die Verba פ"ו ist der zweifache *e*-Laut in der PK; hier in **V.15a** deutlich erkennbar an der Form וַתֵּלֶד. Unter dem Personalkennzeichen findet sich das betonte *sere*, und in der zweiten Silbe das kurze, unbetonte *segol*. Den Infinitiv cstr. bilden diese Verben unter Aphairesis des schwachen Radikals; zum Ausgleich wird dafür am Wortende ein ת eingefügt. Die Lautfolge ist dabei *ä-ä*, wie man in **V.16a** (בְּלֶדֶת) deutlich sieht. Das Wort בֵּן, in Maqqef-Verbindung בֶּן־, meint nicht nur *Sohn*, sondern auch die Zugehörigkeit zu einer Gruppe, hier zur Gruppe der 86jährigen.

Bei den Zahlen über zehn steht das, was gezählt wird, im Singular (שְׁמֹנִים שָׁנָה), bei den Zahlen bis zehn im Plural (שָׁנִים וְשֵׁשׁ; das gleiche Phänomen auch in **17,1a**).

וַיֵּרָא in **V.1b** ist wieder Nifal; die Lautfolge kann hier nicht *i-a-e* sein (wie oben bei יְסַפֵּר), da die *schoresch* ein schwaches Schluß-ה aufweist und das Nifal-ן nicht in das ר assimiliert werden kann. Allein das *sere* unter dem Personalkennzeichen und der *a*-Laut deuten hier auf den *binjan*.

El-Schaddai in **V.1d** gehört zu den sog. Vätergottheiten, von denen sich einige in den Erzählungen der Genesis finden. Im Zusammenwachsen der Traditionen Israels erkannten die einzelnen Gruppen und Familienverbände, aus denen einmal das Volk Israel werden sollte, in den Gottheiten der anderen das Handeln des EINEN in seinen verschiedenen Aspekten; so auch hier. El-Schaddai wird gewöhnlich als "der allmächtige Gott" oder nur als "der Allmächtige" wiedergegeben; in der religiösen Tradition nimmt er eine wichtige Stellung ein. Bei besonders eifrigem und wißbegierigem Studium der Schrift gräbt sich im Laufe der Zeit den Lernenden das Nachdenken und Verstehen in die Stirne ein; in ihren Falten ist deutlich das *schin* - als Zeichen für Schaddai - zu erkennen. Machen Sie die Spiegelprobe! Der segnende Priester spreizt die Finger so, daß sich ein *schin* ergibt. Mr. Spock hat diesen Segensgruß auch außerhalb unseres Sonnensystems populär gemacht.

Der Imp.m.sg. von היה kommt in der Genesis nur hier (**V.1f**) und in 12,2 vor; beidemal ergeht das Wort Gottes an Abram. Dort soll er ein Segen sein, hier תָמִים, *unsträflich, vollkommen*. *Bund* in **V.2a** meint im Hebräischen nicht den Vertrag zwischen zwei gleichwertigen Partnern, sondern die solidarische Selbstverpflichtung des Stärkeren gegenüber dem Schwächeren, der allerdings auch seinen Teil dazu beitragen muß.

Durch die Wiederholung des Wortes מְאֹד in **V.2b** wird noch eine weitere Steigerung erreicht: *überaus*.

In **V.4a** wird die Mehrungsverheißung mit dem Wort אֲנִי, *ich*, eingeleitet, das syntaktisch aus dem Rahmen fällt. Dies erklärt sich später in V.9; dort findet es eine Entsprechung in der Anrede: "*Und du*". So kann man es als eine Einleitung betrachten: "*Was mich betrifft, so gilt:*" וְהָיִיתָ in V.4b ist AKו, obwohl es nicht auf der Ultima betont ist; dies liegt an der Eigenart der Verba ל"ה.

5. Dtn 6,1-9

1a.a$_1$ וְזֹ֣את הַמִּצְוָ֗ה הַֽחֻקִּים֙ וְהַמִּשְׁפָּטִ֔ים אֲשֶׁ֥ר צִוָּ֛ה
יְהוָ֥ה אֱלֹהֵיכֶ֖ם לְלַמֵּ֣ד אֶתְכֶ֑ם לַעֲשׂ֣וֹת
1a$_2$ בָּאָ֕רֶץ אֲשֶׁ֥ר אַתֶּ֛ם עֹבְרִ֥ים שָׁ֖מָּה לְרִשְׁתָּֽהּ׃
2a לְמַ֨עַן תִּירָ֜א אֶת־יְהוָ֣ה אֱלֹהֶ֗יךָ
לִ֠שְׁמֹר אֶת־כָּל־חֻקֹּתָ֣יו וּמִצְוֺתָיו֮
2a$_1$ אֲשֶׁ֣ר אָנֹכִ֣י מְצַוֶּךָ֒ אַתָּה֙ וּבִנְךָ֣ וּבֶן־בִּנְךָ֔
(2a).b כֹּ֖ל יְמֵ֣י חַיֶּ֑יךָ וּלְמַ֖עַן יַאֲרִכֻ֥ן יָמֶֽיךָ׃ [לְךָ
3a.b.b$_1$ וְשָׁמַעְתָּ֤ יִשְׂרָאֵל֙ וְשָׁמַרְתָּ֣ לַעֲשׂ֔וֹת אֲשֶׁר֙ יִיטַ֣ב
3b$_2$.b$_3$ וַאֲשֶׁ֥ר תִּרְבּ֖וּן מְאֹ֑ד כַּאֲשֶׁ֣ר דִּבֶּר֩ יְהוָ֨ה
אֱלֹהֵ֤י אֲבֹתֶ֙יךָ֙ לָ֔ךְ אֶ֛רֶץ זָבַ֥ת חָלָ֖ב וּדְבָֽשׁ׃ פ
4a.b שְׁמַ֖ע יִשְׂרָאֵ֑ל יְהוָ֥ה אֱלֹהֵ֖ינוּ יְהוָ֥ה אֶחָֽד׃
5a וְאָ֣הַבְתָּ֔ אֵ֖ת יְהוָ֣ה אֱלֹהֶ֑יךָ
בְּכָל־לְבָבְךָ֥ וּבְכָל־נַפְשְׁךָ֖ וּבְכָל־מְאֹדֶֽךָ׃
6a.a$_1$ וְהָי֞וּ הַדְּבָרִ֣ים הָאֵ֗לֶּה אֲשֶׁ֨ר אָנֹכִ֧י מְצַוְּךָ֛
הַיּ֖וֹם עַל־לְבָבֶֽךָ׃
7a.b וְשִׁנַּנְתָּ֣ם לְבָנֶ֔יךָ וְדִבַּרְתָּ֖ בָּ֑ם בְּשִׁבְתְּךָ֤ בְּבֵיתֶ֙ךָ֙
וּבְלֶכְתְּךָ֣ בַדֶּ֔רֶךְ וּֽבְשָׁכְבְּךָ֖ וּבְקוּמֶֽךָ׃
8a וּקְשַׁרְתָּ֥ם לְא֖וֹת עַל־יָדֶ֑ךָ
8b וְהָי֥וּ לְטֹטָפֹ֖ת בֵּ֥ין עֵינֶֽיךָ׃
9a וּכְתַבְתָּ֛ם עַל־מְזֻז֥וֹת בֵּיתֶ֖ךָ וּבִשְׁעָרֶֽיךָ׃ ס

Syntaktische Analyse und Verdeutschung

$1a.a_1$ Und diese Anordnung des Gesetzes & die Rechtsvorschriften von denen gilt, dass der HERR unser Gott (sie) angeordnet hat. damit wir lernen euch zu machen,

$1a_2$ auf der Erde, von der gilt, dass ihr die Hebräer dort in Bez. auf ihr Netz

2a Sodass ___ der HERR dein Gott ___ zu allen seinen Gesetzen und seinen Befehlen ....

$2a_1$ von denen gilt, dass ich ___ dich & diese Söhne & die Söhne deiner Söhne

(2a).b Jeden Tag dein Leben & weil ....

$3a.b.b_1$ ....

$3b_2.b_3$ ....

....

4a.b ....

5a ....

....

$6a.a_1$ ....

....

7a.b ....

....

8a ....

8b ....

9a ....

Formanalysen

V.1 צִוָּה 151 . . . .

V.1 לְלַמֵּד 106 . . . .

V.1 לַעֲשׂוֹת 142 . . . .

V.1 בָּאָרֶץ 14 . . . .

V.1 עֹבְרִים 133 . . . .

V.1 לְרִשְׁתָּהּ 89 . . . .

V.2 תִּירָא 86 . . . .

V.2 לִשְׁמֹר 189 . . . .

V.2 מְצַוֶּךָּ 152 . . . .

V.3 וְשָׁמַעְתָּ 186 . . . .

V.3 וְשָׁמַרְתָּ 188 . . . .

V.3 יִיטַב 74 . . . .

V.3 תִּרְבּוּן 168 . . . .

V.3 דִּבֶּר 36 . . . .

V.3 זָבַת 64 . . . .

V.4 שְׁמַע 187 . . . .

V.5 וְאָהַבְתָּ 3 . . . .

V.6 וְהָיוּ 50 . . . .

V.7 וְשִׁנַּנְתָּם 190 . . . .

V.7 בְּשִׁבְתְּךָ 97 . . . .

V.7 וּבְשָׁכְבְּךָ 182 . . . .

V.7 וּבְקוּמֶךָ 155 . . . .

V.8 וּקְשַׁרְתָּם 161 . . . .

V.9 וּכְתַבְתָּם 104 . . . .

Anmerkungen

Dtn 6,1-9 ist eine der wesentlichen theologischen Grundlagen des Judentums. Die Einheit und die Einzigkeit Gottes werden betont, und für Christen ist dies im Dialog mit dem Judentum ein wichtiger Anlaß, im Blick auf die Trinitätslehre die eigene Tradition und Theologie stets neu zu reflektieren.

Der Text gibt Einblicke in Sprache und Denken der deuteronomistischen Bewegung. Die langen Sätze mit vielen Erklärungen und Ergänzungen, Wiederaufnahmen und Aneinanderreihungen sind typisch für das Dtn; sie vermitteln ein gesetztes, feierliches Gefühl. Bereits in **V.1** wird dies deutlich; dieser lange Vers besteht aus einer einzigen SE. Von dem einleitenden NoS sind zwei *ascher*-Sätze abhängig, die durch die Reihe von Infinitiven weiter diversifiziert werden. Die drei Wörter הַמִּצְוָה, הַחֻקִּים und וְהַמִּשְׁפָּטִים zeigen verschiedene Aspekte: הַמִּצְוָה stammt von dem Verb צוה, *befehlen*, das Wort הַחֻקִּים leitet sich von חקק, ***einhauen*** ab; es handelt sich also ursprünglich um in Stein gemeißelte Satzungen. וְהַמִּשְׁפָּטִים hat das Verb שׁפט zur Grundlage, das *richten* bedeutet; הַמִּשְׁפָּטִים sind die Rechtsverordnungen.

Das Verbum צִוָּה ist nur schwach ל"ה; das ו in der Mitte ist hier vollgültiger Radikal und kann, wie man sieht, im Piel sogar verdoppelt werden.

ירשׁ am Ende des Verses meint "als Erbteil in Besitz nehmen". Diese Paraphrase verdeutlicht, daß das *Land* in Israel nicht als Eigentum verstanden wurde: Gott vermacht es den Menschen als Erbe, das nicht veräußert werden kann - so sind Bodenspekulationen von vornherein ausgeschlossen. Das *chirek* unter dem ר erklärt sich aus der Laufolge: Die Verba פ"ו bilden ihren Inf.c. mit zwei *segol*: רֶשֶׁת (SG 53). Verliert die erste Silbe den Ton - hier wegen des EPP -, so lautet das *segol* zu einem *i* ab (SG 28). **V.2** führt den Gedanken weiter; beide SE sind mit לְמַעַן eingeleitet, wobei die erste wieder außergewöhnlich lang ist. Das Verbum ירא gehört zur Gruppe der Veba פ"ו; es verhält sich dabei wie ein Verbum, das ein י an erster Position hat (SG 54): Es verliert seinen konsonantischen Charakter und dient lediglich als mater lectionis. ירא kann durchaus "sich fürchten" im eigentlichen Sinne meinen, seine ursprüngliche Bedeutung aber ist "staunen". Aus diesem Erstaunen kann Angst erwachsen (vor Dingen, die man nicht kennt und nicht versteht), aber auch Ehrfurcht, wenn man, wie bei der Gottesfurcht, ständig neu Gottes machtvolles Eingreifen erlebt.

Typisch für die dtn Sprache ist der Wechsel zwischen der ersten und dritten Person bei Gott (hier heißt es am Anfang von **V.2a** תִּירָא אֶת־יְהוָה und in **a_1** אָנֹכִי מְצַוֶּךָּ) und zwischen Singular und Plural bei den angeredeten Israeliten: V.1 אֶתְכֶם, V.2 אַתָּה). Früher wollte man dies auf verschiedene Quellen zurückführen, aber diese Annahme ist inzwischen fallengelassen.

Das Wort יַאֲרִכֻן fällt auf durch die Defektivschreibung des Personalkennzeichens und das auslautende ן-paragogicum, das die offene Silbe schließt, aber keine weitere Bedeutung hat (SG 67).

V.3 falsifiziert ein christlich-theologisches Vorurteil, nämlich daß die Tora eine Last für den Menschen sei. Das Gegenteil ist der Fall: Wenn er sie hört und bewahrt, dann geht es ihm *gut*. יטב gehört zu den wenigen echten Verba פ"י.

תִּרְבּוּן hat wieder auslautendes ן-paragogicum. זָבַת ist pt.f.c. von זוב; der st.a. lautet זָבָה, die entsprechende maskuline Form זָב; die Form verhält sich typisch für eine hohle Wurzel.

Das berühmte *schma jisrael* in **V.4** ist strukturoffen: Es birgt mehrere Aspekte, deren Betonung zu verschiedenen Übersetzungen führt. Traditionell werden das ע und das ד größer geschrieben; zusammengelesen ergibt sich עֵד, *Zeuge*, oder עַד, *Dauer*. Rückwärts gelesen heißt es דַּע, *verstehe*, der Imp.sg.m. von ידע.

V.5 ist Teil des "doppelten Liebesgebotes", dessen anderer sich ebenfalls in der Hebräischen Bibel findet: Lev 19,18. Oftmals begegnet die Übersetzung"Du sollst den Herren, deinen Gott, lieben". Aber die Struktur AKו-x deutet auf die sichere Zukunft: Wenn der Mensch sich dem Ruf (שְׁמַע) öffnet, ist die Liebe zu Gott *Folge* dieses Hörens, nicht eine zu erbringende Leistung.

Das Wort וְשִׁנַּנְתָּם in **V.7a** ist ein Hapaxlegomenon. Von der *schoresch* שׁנן, pi. *einschärfen*, ist das Nomen שֵׁן, *Zahn*, abgeleitet. Die Infinitive, in **V.7b** mit ב konstruiert, haben deutlich temporalen Charakter (☛ SG 40). Bei בְּשִׁבְתְּךָ, dem Inf.c. von ישׁב, lautet das *segol* wieder zu *i* ab, bei וּבְלֶכְתְּךָ von הלך, das ja analog den Verba פ"ו gebildet wird (SG 54), hingegen nicht. Das ganze menschliche Leben soll durchdrungen sein vom Studieren der Tora; beim Kommen und Gehen, beim Hinlegen und Aufstehen. Im Judentum bedeutet die Tradition des Lernens viel; menschliches Handeln in Verantwortung vor Gott muß ständig geprüft werden - dazu bedarf es des Dialogs mit der Schrift. Die Worte der Tora sollen sogar so nahe beim Menschen sein, daß er sie als Zeichen an seine Hand und Stirne legt und sie an seiner Wohnungstür befestigt (**V.9**). Die Gebetsriemen werden so um die Hand gewickelt, daß sich der Buchstabe שׁ ergibt, der für *Schaddai* steht, der Allmächtige (vgl. Gen 17,1). מְזוּזֹת ist defektiv geschrieben; die Pluralendung könnte genauso gut וֹת lauten.

Literaturhinweise:

R. Albertz, Die Intentionen und die Träger des deuteronomistischen Geschichtswerkes, in: Schöpfung und Befreiung, FS C. Westermann, hg. von R. Albertz u.a., 1989, 37-53

G. Braulik, Die Mittel deuteronomischer Rhetorik erhoben aus Dtn 4,1-10, AnaBib 68, 1978

S. Loersch, Das Deuteronomium und seine Deutungen, SBS 22, 1967

F. Matheus, Gesetz. Anmerkungen zu einem unscharfen Begriff, in: Tun und Erkennen, FS A. Weyer, hg. von H.-J. Berkenings u.a., Duisburg 1994, 140-156 (online lesen: www.matheus.de)

L. Perlitt, Deuteronomium-Studien, FAT 8, 1994

J.G. Plöger, Literarkritische, formgeschichtliche und stilkritische Untersuchungen zum Deuteronomium, BBB 26, 1967

6. 2 Sam 7,1-9

1a.a_1 וַיְהִי כִּי־יָשַׁב הַמֶּלֶךְ בְּבֵיתוֹ
1b וַיהוָה הֵנִיחַ־לוֹ מִסָּבִיב מִכָּל־אֹיְבָיו׃
2a וַיֹּאמֶר הַמֶּלֶךְ אֶל־נָתָן הַנָּבִיא
2b.c רְאֵה נָא אָנֹכִי יוֹשֵׁב בְּבֵית אֲרָזִים
2d וַאֲרוֹן הָאֱלֹהִים יֹשֵׁב בְּתוֹךְ הַיְרִיעָה׃
3a וַיֹּאמֶר נָתָן אֶל־הַמֶּלֶךְ
3b.b_1.c.c_1 כֹּל אֲשֶׁר בִּלְבָבְךָ לֵךְ עֲשֵׂה כִּי יְהוָה עִמָּךְ׃
4a וַיְהִי בַּלַּיְלָה הַהוּא
4b וַיְהִי דְּבַר־יְהוָה אֶל־נָתָן לֵאמֹר׃
5a.b לֵךְ וְאָמַרְתָּ אֶל־עַבְדִּי אֶל־דָּוִד [לְשִׁבְתִּי׃
5c.d כֹּה אָמַר יְהוָה הַאַתָּה תִּבְנֶה־לִּי בַיִת
6a כִּי לֹא יָשַׁבְתִּי בְּבַיִת [וְעַד הַיּוֹם הַזֶּה
לְמִיּוֹם הַעֲלֹתִי אֶת־בְּנֵי יִשְׂרָאֵל מִמִּצְרַיִם
6b וָאֶהְיֶה מִתְהַלֵּךְ בְּאֹהֶל וּבְמִשְׁכָּן׃
7a.a_1 בְּכֹל אֲשֶׁר־הִתְהַלַּכְתִּי בְּכָל־בְּנֵי יִשְׂרָאֵל
הֲדָבָר דִּבַּרְתִּי אֶת־אַחַד שִׁבְטֵי יִשְׂרָאֵל
7a_2 אֲשֶׁר צִוִּיתִי לִרְעוֹת אֶת־עַמִּי אֶת־יִשְׂרָאֵל
7b לֵאמֹר לָמָּה לֹא־בְנִיתֶם לִי בֵּית אֲרָזִים׃
8a וְעַתָּה כֹּה־תֹאמַר לְעַבְדִּי לְדָוִד
8b.c כֹּה אָמַר יְהוָה צְבָאוֹת אֲנִי לְקַחְתִּיךָ
מִן־הַנָּוֶה מֵאַחַר הַצֹּאן לִהְיוֹת נָגִיד
עַל־עַמִּי עַל־יִשְׂרָאֵל׃
9a.a_1 וָאֶהְיֶה עִמְּךָ בְּכֹל אֲשֶׁר הָלַכְתָּ
9b וָאַכְרִתָה אֶת־כָּל־אֹיְבֶיךָ מִפָּנֶיךָ
9c וְעָשִׂתִי לְךָ שֵׁם גָּדוֹל
9c_1 כְּשֵׁם הַגְּדֹלִים אֲשֶׁר בָּאָרֶץ׃

Syntaktische Analyse und Verdeutschung

1a.a_1 Und es geschah, dass der König in seinem Haus saß . . . .

1b & der HERR führte zu ihm von allen Seiten v. allen, die ihm feind waren

2a Da sprach der König zu Natan, dem Propheten: . . . .

2b.c. Siehe doch, ich sitzend im Haus der Zedern & die Lade Gottes wohnend mitten in den Zeltdecken

2d Da sagte Natan zu dem König: . . . .

3a Alles, von dem gilt, dass in deinem Herzen: geh, mach, denn

3b.b_1.c.c_1 der HERR ist mit dir! . . . .

4a . Und es geschah in jener Nacht . . . .

4b Da geschah das Wort des HERRN zu Natan zu sagen:

5a.b Geh & sage meinem Knecht David: . . . .

5c.d So spricht der HERR: der du willst mir bauen ein Haus

6a . Weil ich nicht gewohnt habe in einem Haus . . in Bez. auf von einem Tag mein hinaufgehen lassen der Söhne Israels aus Ägypten.

6b Da wurde ich lebend in einem Zelt & in einer Wohnung.

7a.a_1 In allem, von dem gilt, dass ich lebte bei allen Söhnen Israels . das Wort sprach ich zu einem die Stämme Israels . .

7a_2 von denen gilt, dass ich befohlen habe in Bezug auf die übel meines Volkes Israel

7b Zu sagen: Warum habt ihr mir nicht ein Haus aus Zedern gebaut?

8a Und nun, so sag meinem Knecht David . . . .

8b.c. So spricht der HERR Zebaoth: Ich habe dich genommen von der Weide, hinter dem Kleinvieh weg, damit du seist Herrscher über mein Volk, über Israel . . . . . .

9a.a_1 Und ich war mit dir überall wo du hingegangen bist.

9b Da erkanntest ich alle, die dir feind waren von Anfang an.

9c.c_1 Und ich werde machen in Bez. auf dich einen großen Namen wie einen Namen der Großen, die auf der Erde / in einem Land sind.

Formanalysen

Anmerkungen

Das Wort וַיְהִי in **V.1a** hat einleitenden Charakter; es setzt die erzählte Wirklichkeit. Der nachfolgende כִּי-Satz bietet die entsprechenden Hintergrundinformationen; das כִּי hat hier eine temporale Ausrichtung und steht auf der gleichen Zeitstufe wie der Hauptsatz: "Und es geschah, als ...; und es geschah, daß ..."

Die Wurzel נוח bildet im Hifil zwei verschiedene Formen aus, die unterschiedliche Bedeutung haben. Hier in **V.1b** meint sie "jmd. Ruhe verschaffen". אֹיְבָיו, *seine Feinde*, ist ein Partizip. Im Hebräischen gibt es keine ontologischen Aussagen, sondern immer nur phänomenologische, relationale: Es zeichnet einen Menschen nicht in seiner anthropologischen Existenz aus, ein "Feind" zu sein; feind ist er *jemandem*: Nur in einer *Beziehung* gewinnt eine Seins-Aussage einen Sinn. Und: aus der Tatsache, daß jemand jemandem feind ist, folgt nicht, daß dies immer so sein muß. Relationale Aussagen sind einem ständigen Prozeß, einer Veränderung unterzogen.

In **V.2b** hat der einleitende Imperativ רְאֵה נָא die gleiche Funktion wie die Interjektion הִנֵּה; obgleich syntaktisch eine eigenständige Sinneinheit, ist er Aufmerksamkeitserreger für den folgenden Nominalsatz. יוֹשֵׁב in V.2c ist plene geschrieben; das Partizip könnte genauso gut auch ohne *cholem magnum* realisiert werden, wie es direkt darunter in **V.2d** der Fall ist; ein Bedeutungsunterschied ergibt sich dadurch nicht.

David hatte die Bundeslade nach Jerusalem bringen lassen (2 Sam 6), um dadurch den Kult auf Jerusalem zu konzentrieren und seine eigene Macht zu stabilisieren. Die Verse 2 und 3 sind besonders beredt in dem, was nicht gesagt wird: Die Einlassung des Königs zielt natürlich darauf ab, der Lade einen Tempel zu bauen, und Natan redet dem König nach dem Munde, ohne eindeutig auf die unterschwellig gestellte Frage zu antworten. Aus dieser Beziehung wird deutlich, daß Natan ein vom König bezahlter Angestellter war, ein Hofprophet. Die Struktur seiner Rede ist nicht ganz leicht: Der erste Satz, den er spricht, ist vom Imperativ לֵךְ abhängig; die Zielgröße ist in einem אֲשֶׁר-Satz als NP vorangestellt, und die eigentliche Handlungsanweisung erfolgt erst mit dem zweiten Imp. עֲשֵׂה, den wir im Deutschen mit einem "und" anschließen würden. Diese Aufforderung wird begründet im anschließenden כִּי-Satz (**V.3c$_1$**). In dem Wort בִּלְבָבְךָ stehen die beiden ersten Buchstaben in einem Anlaut; beide sollten eigentlich ein *schwa mobile* tragen. Aber בְּ und לְ kontrahieren zu בִּלְ (SG 67), wobei das *schwa* ein *schwa mobile* ist; wäre es ein *quiescens*, müßte der nachfolgende Laut ב einen *dagesch lene* tragen. So lautet das Wort *bil^{e}waw^{e}cha.*

הַהוּא in V.4a hat demonstrativen Charakter; in dieser Eigenschaft verweist das Personalpronomen auf das Fernerliegende ("jener"), während das Demonstrativum זֶה auf das Näherliegende deutet ("dieser").

V.4b bietet die sog. "Wortereignisformel", **V.5ab** die Botenbeauftragung und **V.5c** die "Botenformel"; **V.5d** folgt mit dem "Lagehinweis" - alles Elemente prophetischer Rede, deren Strukturreichtum man hier gut studieren kann.

V.5ab zeigt den psychologischen Ablauf der Botenbeauftragung: Der einleitende Imperativ wird ergänzt durch die Struktur AKו-x, die die sichere Zukunft zum Ausdruck bringt. Kann der Prophet sich bei einer Anrede mit einem Imperativ entscheiden, ob er dem Wort folgen will oder nicht (SG 38), so geht dies bei AKו-x nicht: Zwischen den beiden kurzen Sätzen ist implizit das erfolgte Einverständnis vorausgesetzt.

V.5d ist ein Fragesatz, der mit der präfigierten Partikel הֲ eingeleitet wird. Die Voranstellung des eigenständigen Personalpronomens bewirkt wieder eine Verstärkung. Der *dagesch* im ל von תִבְנֶה־לִּי ist ein *dagesch euphonicum*; er verbindet lautlich das ל mit dem vokalisch endendem תִבְנֶה. Dieser *dagesch euphonicum* hat mehrere Untergruppen; er gilt, da es nur die Aussprache betrifft, als minder wichtig: Er kann, muß aber nicht gesetzt werden. Der *dagesch necessarium* hingegen betrifft alle Fälle, in denen ein Konsonant geschärft werden muß (z.B. bei der Assimilation eines ן).

לְמִיּוֹם in **V.6a** bedeutet: "von dem Tage an"; es ist st.c. und bezieht sich auf den nachfolgenden Inf.c., der hier defektiv geschrieben ist (הַעֲלֹתִי statt הַעֲלוֹתִי). **V.6b** setzt die Frage narrativ fort. וָאֶהְיֶה ist PKו mit Ersatzdehnung. מִשְׁכָּן meint hier das Heiligtum, in dem Gott während der Wüstenzeit wohnte (vgl. Ex 25,8-9).

V.7a.a$_1$.a$_2$ ist ein langer Satz; er wird getragen von seinem Mittelteil mit x-AK, der durch einen vorangestellten Inf.a. besonders betont wird. Dieser Infinitiv wiederum trägt eine Fragepartikel.

אֶת־יִשְׂרָאֵל ist Apposition zu אֶת־עַמִּי ("mein Volk, Israel, ..."), kein Zielgrößenverbund ("mein Volk Israel ...").

V.8 greift V.5 wieder auf; es unterscheidet sich vom Anfang durch das betont-zusammenfassende וְעַתָּה, *und nun*.

וָאֶהְיֶה in **V.9a** ist PKו, ebenso das folgende וָאַכְרִתָה in **V.9b**, trotz des auslautenden ה; PK+ו hätte zwingend notwendig *schwa* unter dem ו.

In **V.9c** schwenkt die Rede Gottes vom Narrativ in die Heilsankündigung (sichere Zukunft). Manche Ausleger sehen in der Form וְעָשִׂתִי AK+ו, ein reines "Perfekt", das den Narrativ fortführen soll; formal wäre dies denkbar, da bei den Verba ל"ה keine Unterscheidung möglich ist. Aber der nächste Vers (10a) wird mit einem endbetonten AKו eingeleitet, so daß es doch wahrscheinlicher ist, hier den Beginn der Heilsankündigung zu sehen.

Literaturhinweise:

C. Westermann, Grundformen prophetischer Rede, München 1978[5]

L. Rost, Die Überlieferung von der Thronnachfolge Davids, BWANT III.6, 1926

7. 2 Sam 7,10-18

וְשַׂמְתִּי מָקוֹם לְעַמִּי לְיִשְׂרָאֵל	10a
וּנְטַעְתִּיו וְשָׁכַן תַּחְתָּיו	10b.c
וְלֹא יִרְגַּז עוֹד [כַּאֲשֶׁר בָּרִאשׁוֹנָה׃	10d
וְלֹא־יֹסִיפוּ בְנֵי־עַוְלָה לְעַנּוֹתוֹ [יִשְׂרָאֵל	10e.e$_1$
וּלְמִן־הַיּוֹם אֲשֶׁר צִוִּיתִי שֹׁפְטִים עַל־עַמִּי	(11a)a$_1$
וַהֲנִיחֹתִי לְךָ מִכָּל־אֹיְבֶיךָ	11b
וְהִגִּיד לְךָ יְהוָה כִּי־בַיִת יַעֲשֶׂה־לְּךָ יְהוָה׃	11c.c$_1$
כִּי יִמְלְאוּ יָמֶיךָ וְשָׁכַבְתָּ אֶת־אֲבֹתֶיךָ	12a.b
וַהֲקִימֹתִי אֶת־זַרְעֲךָ אַחֲרֶיךָ	12c
אֲשֶׁר יֵצֵא מִמֵּעֶיךָ וַהֲכִינֹתִי אֶת־מַמְלַכְתּוֹ׃	12c$_1$.d
הוּא יִבְנֶה־בַּיִת לִשְׁמִי	13a
וְכֹנַנְתִּי אֶת־כִּסֵּא מַמְלַכְתּוֹ עַד־עוֹלָם׃	13b
אֲנִי אֶהְיֶה־לּוֹ לְאָב	14a
וְהוּא יִהְיֶה־לִּי לְבֵן אֲשֶׁר בְּהַעֲוֺתוֹ	14b.b$_1$
וְהֹכַחְתִּיו בְּשֵׁבֶט אֲנָשִׁים וּבְנִגְעֵי בְּנֵי אָדָם׃	14c
וְחַסְדִּי לֹא־יָסוּר מִמֶּנּוּ [מִלְּפָנֶיךָ׃	15a
כַּאֲשֶׁר הֲסִרֹתִי מֵעִם שָׁאוּל אֲשֶׁר הֲסִרֹתִי	15a$_1$.a$_2$
וְנֶאְמַן בֵּיתְךָ וּמַמְלַכְתְּךָ עַד־עוֹלָם לְפָנֶיךָ	16a
כִּסְאֲךָ יִהְיֶה נָכוֹן עַד־עוֹלָם׃	16b
כְּכֹל הַדְּבָרִים הָאֵלֶּה וּכְכֹל הַחִזָּיוֹן הַזֶּה	17a
כֵּן דִּבֶּר נָתָן אֶל־דָּוִד	
וַיָּבֹא הַמֶּלֶךְ דָּוִד וַיֵּשֶׁב לִפְנֵי יְהוָה	18a.b
וַיֹּאמֶר מִי אָנֹכִי אֲדֹנָי יְהוִה וּמִי בֵיתִי	18c.d
כִּי הֲבִיאֹתַנִי עַד־הֲלֹם׃	18d$_1$

Syntaktische Analyse und Verdeutschung

10a Und. ich. werde einsetzen. einen. Ort. in Bez. auf mein Volk, Israel

10b.c Und ich pflanze es ein & es wird wohnen. an seinem Platz

10d. und nicht wird es lange ängstlich sein.

10e.e_1 Und nicht werden hinzufügen die Söhne des Opfers in Bez. auf das Bedrängen

(11a)a_1 Und von dem Tag an, dem ich befohlen habe Richter in mein Volk

11b Und ich werde dir Ruhe verschaffen von allen, die dir feind sind

11c.c_1 Und der HERR verkündet dir: Ja, dir wird der HERR ein Haus machen

12a.b. Ja, erfüllt sein werden deine Tage & du wirst liegen bei deinen Vorfahren

12c. Und ich werde aufrichten deine Nachkommenschaft nach dir,

$12c_1$.d die ausziehen wird aus dem Inneren & ich werde sein Königtum gründen.

13a Er wird bauen ein Haus für meinen Namen

13b Und ich werde gründen einen Thron aus seinem Königtum bis in Ewigkeit

14a Ich werde sein für ihn wie ein Vater.

14b.b_1 Und er wird mir sein wie ein Sohn, von dem gilt, dass in seiner Dauer

14c. Und ich werde ihn richten mit einem Zepter v. Menschen & mit Schlägen der Söhne der Erde.

15a. Meine Liebe wird nicht weichen von ihm,

$15a_1$.a_2 Wie ich weggenommen habe v. Saul, von dem ich weggenommen habe

16a Und sicher sein wird wird seine Familie & dein Königtum bis in Ewigkeit vor dir.

16b Dein Thron wird sein feststehend bis in Ewigkeit

17a Ja, alle diese Worte & auch alle diese Visionen

so redete Natan zu David.

18a.b. Und der König David ging. Und er setzte sich vor dem HERRN

18c.d und er sagte: Wer bin ich, mein Herr, der HERR & was ist mein Haus,

$18d_1$. dass du mich gebracht hast bis hierher?

Formanalysen

v. 10 וְשַׂמְתִּי 176 1. Sg. m. AK √שׂים V. q. einsetzen

v. 10 וְשָׁכַן 183 ...

v. 10 יִרְגַּז 171 ...

v. 10 וְלֹא־יֹסִיפוּ 82 ...

v. 10 לְעַנּוֹתוֹ 139 ...

v. 11 צִוִּיתִי 150 ...

v. 11 וַהֲנִיחֹתִי 119 ...

v. 11 וְהִגִּיד 116 ...

v. 12 יִמְלְאוּ 110 ...

v. 12 וְשָׁכַבְתָּ 181 ...

v. 12 אֲבֹתֶיךָ 1 ...

v. 12 וַהֲקִימֹתִי 153 ...

v. 12 יֵצֵא 84 ...

v. 12 וַהֲכִינֹתִי 98 ...

v. 13 וְכֹנַנְתִּי 99 ...

v. 13 מַמְלַכְתּוֹ 111 ...

v. 14 יִהְיֶה־לִּי 47 ...

v. 15 יָסוּר 130 ...

v. 15 הֲסִרֹתִי 129 ...

v. 16 יִהְיֶה 47 ...

v. 17 דִּבֶּר 36 ...

v. 18 וַיָּבֹא 22 ...

v. 18 וַיֵּשֶׁב 90 ...

v. 18 הֲבִיאֹתַנִי 21 ...

Anmerkungen

וְשַׂמְתִּי in **V.10a** ist durch die Betonung auf dem Personalkennzeichen als AKו erkennbar. Daß Gott seinem Volk Ruhe verschafft und es einpflanzt, so daß es niemand mehr erschreckt, ist ein Motiv, daß sich durch die ganze Bibel zieht.

יֹסִיפוּ in **V.10e** ist ein sog. "Formverb"; יסף zeigt an, daß etwas weiterhin geschieht, und die eigentliche Bedeutung findet sich erst im folgenden Infinitiv. Im Deutschen kann man die Wurzel oftmals als temporale adverbiale Bestimmung wiedergeben ("sie werden es nicht mehr bedrängen").

Der Infinitiv לְעַנּוֹתוֹ ist typisch für die Verba ל"ה: Die Endung geht auf וֹת, das schwache ה elidiert. Der *dagesch* im נ deutet hier den Piel an.

Wer Unrecht tut, dem haftet sein falscher Weg an; es fällt auf ihn zurück, und er gehört zur Gruppe der "Unrechten", der בְּנֵי־עַוְלָה. "Das Kennzeichen, die Art dieser Menschen ist, daß sie sich nicht an den kundgegebenen Willen Gottes halten." (J. Schreiner, ThWAT V, Sp.1137)

Das Wort צִוִּיתִי in **V.11a₁** geht auf die schoresch צוה zurück; das Verbum ist nur schwach ל"ה, es ist keine hohle Wurzel. Die Grundregel lautet hier, daß nicht zwei Schwächen aufeinander folgen können (wichtige Ausnahme: בוא). Man kann deutlich sehen, daß das ו hier seinen Konsonantwert behält, da es sogar einen *dagesch* tragen kann (hier als Zeichen für Piel).

In **V.11c.c1** greift Gott den Wunsch Davids, ihm einen Tempel zu bauen, auf und erklärt nun seinerseits, daß er ihm, David, ein Haus zu gründen gedenkt; "Haus" meint hier im übertragenen Sinne "Dynastie". יַעֲשֶׂה ist Langform und markiert die sichere Zukunft. Bei den Verben ל"ה kann man an den endungslosen Formen die KF von der LF unterscheiden; die entsprechende KF zu יַעֲשֶׂה lautet יַעַשׂ und bezeichnet den Jussiv (SG 37).

x-PK und AKו-x in **V.12a.b** beschreiben ein in der Zukunft vorzeitiges Geschehen (eine Voraussetzung für das in V.12d angekündigte Handeln Gottes); im Deutschen können wir durchaus Futur II einsetzen: "Wenn deine Tage erfüllt sind und du dich zu deinen Vätern gelegt haben wirst ...". Dies ist allein eine inhaltliche Entscheidung; formale Anhaltspunkte gibt es dafür im Hebräischen nicht.

יָמֶ֫יךָ gehört zu den *Nomina ungewöhnlicher Bildung*; wenn man nicht weiß, daß es sich um den Plural von יוֹם, *Tag*, handelt, kann es Probleme mit dem Auffinden im Lexikon geben. Es ist dann verwechslungsfähig mit dem Lexem יָם, *Meer*, dessen Plural יַמִּים lautet; man sieht, daß sich die beiden Wörter im Plural darin unterscheiden, daß יַמִּים einen kurzen *a*-Laut trägt und dageschiert ist. Auch אֲבֹתֶ֫יךָ gehört zur Gruppe der *Nomina ungewöhnlicher Bildung*; die Pluralendung auf וֹת, hier defektiv geschrieben, ist an diesem Wort das Verwunderliche.

וַהֲקִימֹתִ֫י in **V.12c** ist Hifil von קום in der AK. Daß das Wort mit einem וַ anlautet (statt וְ), ist auf die Lautangleichung mit dem nachfolgenden Guttural zurückzuführen, der seinen Lieblingslaut *a* trägt.

Daß Davids Sohn einen Tempel bauen wird (**V.13a**), ist zugleich eine Absage an dessen Ansinnen, selbst als Bauherr in die Geschichte einzugehen. Ein feiner Unterschied liegt auch darin, daß Gott seinen *Namen* im Tempel wohnen lassen wird. Damit läßt er sich selbst, wie David es offenbar vorhatte, nicht verfügbar machen.

וְכֹנַנְתִּ֫י in **V.13b** steht im Pilel. Die hohle Wurzel כון kann den mittleren Radikal mangels Existenz nicht verdoppeln; statt dessen wird der auslautende redupliziert. Daß es sich um eine hohle Wurzel handelt, hört man noch an dem *o*-Laut in der zweiten Silbe.

In **V.14a** bezeichnet sich Gott als Vater der Nachkommenschaft Davids. Damit ist natürlich keine leibliche Vaterschaft gemeint - dies wäre ein im Judentum unerträglicher Gedanke -; aber es ist auch kein Vergleich (es fehlt die entsprechende Partikel כְּ). Die Partikel לְ zeigt, daß es um das *Verhalten* Gottes geht, der sich ihm in seiner Zuwendung als Vater erweist. Damit wird deutlich, daß die Anrede Jesu an Gott nicht einmalig und neu ist, sondern schon seit alters die Beziehung zwischen Gott und seinen Geschöpfen markiert.

V.14b₁ ist ein Satzäquivalent; die SE besteht nicht aus einem vollständigen Satz, sondern lediglich aus einem konditionalen Infinitiv. Das אֲשֶׁר bezieht sich auf den gesamten zuvor geschilderten Sinnzusammenhang und braucht nicht übersetzt zu werden.

בְּהַעֲוֹתוֹ ist Inf.c. Hifil mit EPP von der Wurzel עוה. Wie צוה ist sie zwar schwach ל"ה, aber keine hohle Wurzel.

Die Bedingung wird mit AKו in **V.14c** aufgelöst; das ו bleibt dabei unübersetzt. וְהֹכַחְתִּיו ist Hifil von der *schoresch* יכח; daß diese Wurzel vokalisch anlautet, ist noch an dem defektiv geschriebenen *o*-Laut in der zweiten Silbe zu erkennen. Diese Silbe ist durch Kontraktion des ursprünglichen ו der Verba פ"ו mit dem Stammesmorphem des Hifil *haw* zu *ho* entstanden.

Wie sich das Wort מִמֶּנּוּ in **V.15a** zusammensetzt, erfährt man in der SG auf S.69.

Das Wort הֲסִרֹתִי in **V.15a₁** stammt von der Wurzel סור.

וְנֶאְמַן zu Beginn von **V.16a** ist AKו; das Partizip, das im Nifal ohne מ gebildet wird, sieht genauso aus, hat jedoch einen langen Vokal am Ende: מָן-. נָכוֹן in **V.16b** hingegen ist Partizip Nifal; es hat kein ָ am Ende, weil es sich um eine hohle Wurzel handelt.

כְּ in **V.17a** ist Vergleichspartikel; man kann den Ausdruck כֵּן - כְּ am besten mit “gemäß - so” wiedergeben oder im Deutschen weglassen, weil es ein wenig holperig klingt.

8. Jona 1,1-9

1a וַֽיְהִי֙ דְּבַר־יְהוָ֔ה אֶל־יוֹנָ֥ה בֶן־אֲמִתַּ֖י לֵאמֹֽר׃
2a.b ק֠וּם לֵ֧ךְ אֶל־נִֽינְוֵ֛ה הָעִ֥יר הַגְּדוֹלָ֖ה
2c.c_1 וּקְרָ֣א עָלֶ֑יהָ כִּֽי־עָלְתָ֥ה רָעָתָ֖ם לְפָנָֽי׃
3a וַיָּ֤קָם יוֹנָה֙ לִבְרֹ֣חַ תַּרְשִׁ֔ישָׁה מִלִּפְנֵ֖י יְהוָ֑ה
3b.c וַיֵּ֨רֶד יָפ֜וֹ וַיִּמְצָ֥א אָנִיָּ֣ה ׀ בָּאָ֣ה תַרְשִׁ֗ישׁ
3d.e וַיִּתֵּ֨ן שְׂכָרָ֜הּ וַיֵּ֤רֶד בָּהּ֙ לָב֣וֹא עִמָּהֶ֔ם
תַּרְשִׁ֔ישָׁה מִלִּפְנֵ֖י יְהוָֽה׃ [סַֽעַר־גָּד֖וֹל בַּיָּֽם
4a.b וַֽיהוָ֗ה הֵטִ֤יל רֽוּחַ־גְּדוֹלָה֙ אֶל־הַיָּ֔ם וַיְהִ֥י
4c וְהָ֣אֳנִיָּ֔ה חִשְּׁבָ֖ה לְהִשָּׁבֵֽר׃
5a.b וַיִּֽירְא֣וּ הַמַּלָּחִ֗ים וַֽיִּזְעֲקוּ֙ אִ֣ישׁ אֶל־אֱלֹהָ֔יו
5c וַיָּטִ֨לוּ אֶת־הַכֵּלִ֜ים אֲשֶׁ֤ר בָּֽאֳנִיָּה֙ אֶל־הַיָּ֔ם
5d לְהָקֵ֖ל מֵעֲלֵיהֶ֑ם וְיוֹנָ֗ה יָרַד֙
5e.f אֶל־יַרְכְּתֵ֣י הַסְּפִינָ֔ה וַיִּשְׁכַּ֖ב וַיֵּרָדַֽם׃
6a.b וַיִּקְרַ֤ב אֵלָיו֙ רַ֣ב הַחֹבֵ֔ל וַיֹּ֥אמֶר ל֖וֹ
6c.d.e מַה־לְּךָ֣ נִרְדָּ֑ם ק֚וּם קְרָ֣א אֶל־אֱלֹהֶ֔יךָ
6f.g אוּלַ֞י יִתְעַשֵּׁ֧ת הָאֱלֹהִ֛ים לָ֖נוּ וְלֹ֥א נֹאבֵֽד׃
7a.b.c וַיֹּאמְר֞וּ אִ֣ישׁ אֶל־רֵעֵ֗הוּ לְכוּ֙ וְנַפִּ֣ילָה
7d גוֹרָל֔וֹת וְנֵ֣דְעָ֔ה בְּשֶׁלְּמִ֛י הָרָעָ֥ה הַזֹּ֖את לָ֑נוּ
7e.f וַיַּפִּ֙לוּ֙ גּֽוֹרָל֔וֹת וַיִּפֹּ֥ל הַגּוֹרָ֖ל עַל־יוֹנָֽה׃
8a.b וַיֹּאמְר֣וּ אֵלָ֔יו הַגִּֽידָה־נָּ֣א לָ֔נוּ
8c בַּאֲשֶׁ֛ר לְמִי־הָרָעָ֥ה הַזֹּ֖את לָ֑נוּ
8d.e.f מַה־מְּלַאכְתְּךָ֙ וּמֵאַ֣יִן תָּב֔וֹא מָ֣ה אַרְצֶ֔ךָ
8g וְאֵֽי־מִזֶּ֥ה עַ֖ם אָֽתָּה׃
9a.b וַיֹּ֥אמֶר אֲלֵיהֶ֖ם עִבְרִ֣י אָנֹ֑כִי
9c וְאֶת־יְהוָ֞ה אֱלֹהֵ֤י הַשָּׁמַ֙יִם֙ אֲנִ֣י יָרֵ֔א
9c_1 אֲשֶׁר־עָשָׂ֥ה אֶת־הַיָּ֖ם וְאֶת־הַיַּבָּשָֽׁה׃

Syntaktische Analyse und Verdeutschung

PK)-X 1a Da geschah das Wort des HERRN zu Jona, Sohn d. Amittai folgendermaßen:

2a.b Steh auf, geh in die große Stadt Ninive ....

2c.c_1 und predige zu ihr... So wirst du hinaufreichen ihr Unheil in Bezug auf mein Angesicht

PK)-X 3a Da stand Jona auf um zu fliehen nach Tarschisch, weg v. Angesicht des HERRN.

PK)-X 3b.c Da stieg er hinab (nach) Jafo & er erreichte ein Schiff *1)

3d.e Da gab er (ihr?!) Fahrgeld & er floss hinab nach um zu

. . kommen in ihre Stadt . . Tarschisch, weg v. Angesicht des HERRN.

4a.b Und der HERR ___ . . großen Wind zu dem Meer & es geschah.

4c Und das Schiff ___ in Bezug auf den Untergang . . . . . .

5a.b Da fürchteten sich die Seeleute & da schrieen sie, jeder zu seinem Gott.

5c Und sie ___ zu den Werkzeugen, v. denen gilt, dass (sie) auf dem Schiff in das Meer.

5d Um zu ___ von ihnen. Und Jona ging hinunter

5e.f ins Innere des Schiffes & er legte sich & sank in einen tiefen Schlaf.

6a.b Da näherte sich ihm ein Führer ___ & er sagte zu ihm:

6c.d.e Was gehst du schlafend d.? Steh auf & ruf zu deinem Gott!

6f.g Vielleicht ___ der Gott ein in Bez. auf uns & nicht werden wir zugrunde gehen.

7a.b.c Da sagten sie: Mann zu seinem Freund: Geh & ___

7d Die Lose und ___ im ___ des Bösen . . . Dies in Bez. auf uns.

7e.f Da warfen sie die Lose & das Los fiel auf Jona.

8a.b Da sagten sie: Sein Gott ___ doch in Bezug auf uns!

8c Wohin in Bez. auf . . von diesem Bösen in Bez. auf uns?

8d.e.f Was dein Werk & wg. Nichtvorhandensein v. wirst du gehen. Was deine Erde?

8g Und wo von diesem ein Volk du? . . . .

9a.b . . . .

9c . . . .

$9c_1$ . . . .

. . . .

*1) kommend nach Tarschisch.

Formanalysen

V.2 קוּם 154 ....

V.2 לֵךְ 56 ....

V.2 עָלְתָה 136 ....

V.3 לִבְרֹחַ 30 ....

V.3 וַיֵּרֶד 88 ....

V.3 וַיִּמְצָא 113 ....

V.3 בָּאָה 17 ....

V.4 הֵטִיל 69 ....

V.4 חִשְּׁבָה 68 ....

V.4 לְהִשָּׁבֵר 178 ....

V.5 וַיִּירְאוּ 85 ....

V.5 וַיִּזְעֲקוּ 66 ....

V.5 וַיָּטִלוּ 70 ....

V.5 לְהָקֵל 158 ....

V.5 וַיֵּרָדַם 172 ....

V.6 יִתְעַשֵּׁת 147 ....

V.6 נֹאבֵד 2 ....

V.7 וַיִּפֹּל 123 ....

V.8 הַגִּידָה 115 ....

V.9 יָרֵא 87 ....

V.9 עָשָׂה 143 ....

Anmerkungen

V.1a Das Buch Jona beginnt - anders als die meisten anderen Prophetenbücher - ohne Überschrift; die erste SE bietet die sogenannte *Wortereignisformel*: Das Wort Gottes *geschieht*, *ereignet sich* jemandem. דְּבַר־יְהוָה ist eine *constructus-absolutus*-Verbindung; der gesamte Ausdruck ist wegen des Eigennamens determiniert: Die Bibel kennt nur *das*, nie "*ein*" Wort Gottes.

V.2 ist geprägt durch eine Reihe von drei Imperativen. Normalerweise folgt in der Prophetie auf den einleitenden Imp. die "sichere Zukunft", ausgedrückt mit AKו (☛ SG 79). Damit wird verdeutlicht, daß der oder die Angesprochene auch tatsächlich das sagt, was Gott aufträgt. Hier aber ist schon strukturell der Ungehorsam Jonas angedeutet, denn im Hebräischen ist ein Imperativ kein bindender Direktiv (man kann einer Aufforderung nachkommen oder auch nicht).

Das erste Wort des Verses, קוּם, könnte theoretisch auch Infinitiv constructus sein (das ist die Zitierform der Verba ע"ו, wie sie auch im Lexikon erscheint).

עָלְתָה im *ki*-Satz ist 3.sg.f. AK; die Verba ל"ה bedienen sich des fem. ת, um die weibliche AK-Endung ה an die *schoresch* anbinden zu können (☛ SG 59).

In **V.3a** liegt die für die Leserinnen und Leser überraschende Wende im Infinitiv. Während das erste Wort noch denken läßt, daß Jona tut, was Gott ihm sagt, verdeutlicht לִבְרֹחַ, daß er in keiner Weise daran denkt, Gottes Auftrag zu erfüllen. לִבְרֹחַ hat die typische Lautfolge eines Infinitivs mit Guttural: Das *chet* am Wortende schmuggelt seinen *a*-Laut als *patah furtivum* zwischen die beiden letzten Radikale. Die beiden *schwas* לְבְ am Wortanfang kontrahieren zu einem i-Laut (☛ SG 67).

וַיָּקָם ist typisch für die hohle Wurzel im Narrativ: Die Betonung liegt auf dem Personalkennzeichen (im Schriftbild angedeutet durch den trennenden Akzent *J^{e}tiw* ֮), die letzte Silbe ist kurz, geschlossen und unbetont: das *kamez* ist ein *kamez chatuf* und wird wie ein *o* gesprochen (☛ SG 18).

Auch וַיֵּרֶד in **V.3b** ist auf dem Personalkennzeichen betont (ein trennender Akzent, hier ein *Paschta*, steht über dem י); dies und der doppelte *e*-Laut in den beiden letzten Silben ist charakteristisch für die Verba פ"ו. Die Verba ל"א hingegen sind auf der letzten Silbe betont, wie man an dem Wort וַיִּמְצָא deutlich sehen kann (Akzent unter dem צ). בָּאָה kann theoretisch pt.sg.fem. oder die entsprechende AK-Form sein; hier hat das Wort offensichtlich attributiven Charakter.

Das *schwa* unter dem שׁ in חִשְּׁבָה in **V.4c** ist ein *schwa mobile*; es kann keinesfalls ein *schwa quiescens* sein, da im Hebräischen eine Silbe nicht mit einem verdoppelten Konsonanten schließt (☛ SG 23). Der *dagesch* im שּׁ ist ein *dagesch forte*; ein *dagesch lene* findet sich nur bei *begadkefat*-Wörtern (☛ SG 19).
Im Nifal lautet die Vorsilbe beim Inf.c. (und beim Imp.) הִין; das ן wird assimiliert, so daß der Nifal bei לְהִשָּׁבֵר am *dagesch* im *schin* und am ה erkennbar ist.

וַיִּירְאוּ in **V.5a** gehört zur Gruppe der Verben פ"ו; es verhält sich allerdings hier im Narrativ wie ein echtes Verbum פ"י: das י quiesziert und dient lediglich zur Andeutung des Vokals (☛ SG 52.55).

Die Masoreten machen durch einen *circellus* (☛ SG 12) über dem Wort וַיָּטִלוּ in **V.5c** darauf aufmerksam, daß das Hifil-Kennzeichen (י zwischen dem zweiten und dritten Radikal eines starken Verbums) defektiv geschrieben ist, was bei einer hohlen Wurzel wie hier besonders auffällt. לְהָקֵל ist schwach ע"ע, hier im hif. Ein *dagesch*, der den doppelten zweiten Radikal andeutete, kann wegen des Silbenendes nicht gesetzt werden.

In **V.6c** begegnet uns ein *dagesch euphonicum*; es verbindet die beiden Wörter מַה־לְּךָ auf das engste miteinander: das ל wird gewissermaßen noch in die vorangehende Silbe gezogen: *mal-lecha*.

Das Wort יִתְעַשֵּׁת in **V.6f** ist ein *hapaxlegomenon*; es kommt nur an dieser Stelle in der Bibel vor.

נֹאבֵד in **V.6g** gehört zur Klasse der Verba פ"א: Man hört das א nicht, es ist lediglich *mater lectionis* (SG 26).

בְּשֶׁלְּמִי in **V.7d** setzt sich zusammen aus der enklitischen Partikel בְּ, der kurzen Form der Relativpartikel אֲשֶׁר, ·שֶׁ, der Partikel לְ und dem Pronomen מִי, wer. Insgesamt kann der Ausdruck verdeutscht werden mit: “durch wen”.

V.8 bietet in seiner zweiten SE mit dem Ausdruck הַגִּידָה־נָּא einen besonders intensiven Imperativ. Die Partikel נָא ist zur Verstärkung an den eigentlichen Imperativ angehängt. Der wiederum bietet mit seinem cohortativisch anmutenden ה eine Form, die manche als *Imp. energicus* bezeichnen (SG 39). Beide Wörter sind durch *maqqef* und *dagesch euphonicum* miteinander verbunden. Das כַּאֲשֶׁר klappt syntaktisch über; dies deutet wohl die besondere Erregung der Sprecher an, die nun alles über Jona erfahren wollen.

Jona gibt in **V.9b** bereitwillig Auskunft. Das י in עִבְרִי ist ein י-*gentilicium*; es zeigt die Volkszugehörigkeit an. Eine Hebräerin ist eine עִבְרִיָּה, und die Endung ת deutet auf die Sprache: עִבְרִית heißt “Hebräisch” (heute dient es, nicht ganz logisch, zur Bezeichnung des Neuhebräischen).

Mit den Begriffen הַיָּם und הַיַּבָּשָׁה in **V.9c₁** greift der Text auf Aussagen des Schöpfungsberichtes Gen 1 zurück (Gen 1,10), aber auch auf das Befreiungsgeschehen in Ägypten, als Israel trockenen Fußes durch das Schilfmeer wanderte.

Literturhinweise:

J. Ebach, Kassandra und Jona. Gegen die Macht des Schicksals, Frankfurt 1987

F. Golka, Jona, Stuttgart 1991

9. Jona 3,1-10

1a וַיְהִי דְבַר־יְהוָה אֶל־יוֹנָה שֵׁנִית לֵאמֹר׃
2a.b קוּם לֵךְ אֶל־נִינְוֵה הָעִיר הַגְּדוֹלָה׃ [אֵלֶיךָ
2c.c_1 וִּקְרָא אֵלֶיהָ אֶת־הַקְּרִיאָה אֲשֶׁר אָנֹכִי דֹּבֵר
3a.b וַיָּקָם יוֹנָה וַיֵּלֶךְ אֶל־נִינְוֵה כִּדְבַר יְהוָה
3c וְנִינְוֵה הָיְתָה עִיר־גְּדוֹלָה לֵאלֹהִים
מַהֲלַךְ שְׁלֹשֶׁת יָמִים׃
4a וַיָּחֶל יוֹנָה לָבוֹא בָעִיר מַהֲלַךְ יוֹם אֶחָד
4b.c וַיֹּאמַר עוֹד אַרְבָּעִים יוֹם וְנִינְוֵה נֶהְפָּכֶת׃
5a וַיַּאֲמִינוּ אַנְשֵׁי נִינְוֵה בֵּאלֹהִים [וְעַד־קְטַנָּם׃
5b.c וַיִּקְרְאוּ־צוֹם וַיִּלְבְּשׁוּ שַׂקִּים מִגְּדוֹלָם
6a.b וַיִּגַּע הַדָּבָר אֶל־מֶלֶךְ נִינְוֵה וַיָּקָם מִכִּסְאוֹ
6c.d וַיַּעֲבֵר אַדַּרְתּוֹ מֵעָלָיו וַיְכַס שַׂק
6e.7a.b וַיֵּשֶׁב עַל־הָאֵפֶר׃ וַיַּזְעֵק וַיֹּאמֶר בְּנִינְוֵה
מִטַּעַם הַמֶּלֶךְ וּגְדֹלָיו לֵאמֹר
7c הָאָדָם וְהַבְּהֵמָה הַבָּקָר וְהַצֹּאן אַל־יִטְעֲמוּ
7d.e מְאוּמָה אַל־יִרְעוּ וּמַיִם אַל־יִשְׁתּוּ׃
8a וְיִתְכַּסּוּ שַׂקִּים הָאָדָם וְהַבְּהֵמָה
8b וְיִקְרְאוּ אֶל־אֱלֹהִים בְּחָזְקָה
8c וְיָשֻׁבוּ אִישׁ מִדַּרְכּוֹ הָרָעָה
8c_1 וּמִן־הֶחָמָס אֲשֶׁר בְּכַפֵּיהֶם׃
9a.b.c מִי־יוֹדֵעַ יָשׁוּב וְנִחַם הָאֱלֹהִים
9d.e וְשָׁב מֵחֲרוֹן אַפּוֹ וְלֹא נֹאבֵד׃
10a וַיַּרְא הָאֱלֹהִים אֶת־מַעֲשֵׂיהֶם
10a_1 כִּי־שָׁבוּ מִדַּרְכָּם הָרָעָה
10b.b_1 וַיִּנָּחֶם הָאֱלֹהִים עַל־הָרָעָה אֲשֶׁר־דִּבֶּר
10c לַעֲשׂוֹת־לָהֶם וְלֹא עָשָׂה׃

Syntaktische Analyse und Verdeutschung

1a Und es geschah das Wort des HERRN zu Jona zum 2. Mal folgendermaßen:

2a.b „Geh in die gr. Stadt Ninive

2c.c$_1$ & rufe ihr den Ruf zu, den ich dir sage"

3a.b Und Jona erhob sich & ging nach Ninive wie der HERR befohlen hatte.

3c Und Ninive war eine große Stadt vor Gott /

ein Weg von drei Tagen.

4a Und Jona begann mit dem Gehen in die Stadt (zu beginnen die) Reise einen Tag.

4b.c Und er sprach: „Nach 40 Tage & Ninive soll vernichtet werden."

5a Und d. die Männer Ninives vertrauten Gott

5b.c Und sie riefen aus eine Fastenzeit & sie zogen Bußgewänder an v. ihren Großen.

6a.b Und das Wort berührte den König v. Ninive & er erhob sich v. seinem Thron.

6c.d Und er legte seinen Mantel von ihm ab & bekleidete sich mit seinem Bußgewand

6e.7a.b & setzte sich in die Asche. Und er ließ ausrufen &

sprach in Ninive v. dem Befehl des Königs & seiner Großen folgendes:

7c „Die Menschheit & die Tiere, das Vieh & d. Kleinvieh nicht sollen sie essen

7d.e irgendetwas, nicht sollen sie weiden & Wasser nicht trinken.

8a Und sie sollen sich bedecken, der Mensch & das Vieh.

8b & sie sollen zu Gott rufen mit Macht

8c und umkehren ein jeder von seinem schlechten Weg

8c$_1$ & v. dem Unrecht, welches an ihren Füßen / Händen ist.

9a.b.c Wer weiß ob Gott (nicht) umkehrt & sich erbarmt

9d.e und (die) Zornesglut seiner Wut nachlässt, sodass wir nicht zugrunde gehen"

10a Da sah Gott ihre Taten,

10a$_1$ dass sie abließen v. ihren schlechten Taten

10b.b$_1$ Und es erbarmte sich Gott des Bösen, welches er gesagt hatte

10c zu machen in Bez. auf sie & nicht machte er es.

Formanalysen

v.2 דֹּבֵר 35

v.3 כִּדְבַר 41

v.3 הָיְתָה 43

v.3 גְּדוֹלָה 33

v.3 יָמִים 73

v.4 וַיָּחֶל 67

v.4 נֶהְפָּכֶת 62

v.5 וַיַּאֲמִינוּ 6

v.5 וַיִּלְבְּשׁוּ 105

v.6 וַיִּגַּע 117

v.6 הַדָּבָר 40

v.6 מִכִּסְאוֹ 100

v.6 וַיַּעֲבֵר 132

v.6 וַיְכַס 101

v.7 וַיַּזְעֵק 65

v.7 יִטְעֲמוּ 71

v.7 יִרְעוּ 173

v.7 יִשְׁתּוּ 191

v.8 וְיִתְכַּסּוּ 102

v.8 וְיָשֻׁבוּ 179

v.9 מִי־יוֹדֵעַ 72

v.9 וְנִחַם 120

v.9 נֹאבֵד 2

v.10 וַיַּרְא 164

v.10 מַעֲשֵׂיהֶם 112

v.10 לַעֲשׂוֹת 142

Anmerkungen

Jona 3 beginnt wieder mit der Wortereignisformel, und wie im ersten Kapitel redet Gott Jona mit einem doppelten Imperativ an (**V.2ab**): קוּם לֵךְ, der dann in **V.2c** fortgeführt wird; hier ergeht der eigentliche Auftrag, der Stadt zu predigen. Der Imp. וּקְרָא trägt im Anlaut zwei Vokale; diese kann man selbstverständlich nicht zugleich aussprechen. Die Masoreten deuten damit an, daß es für dieses Wort an dieser Stelle zwei unterschiedliche Aussprachetraditionen gibt, nämlich וְ und וּ; ein semantischer Unterschied ergibt sich dadurch nicht. Anders als in 1,2c steht hier die Partikel אֶל; dort hieß es עַל, und diesem Wort schwingt ein bedrohlicher, negativer Aspekt mit: *gegen*. אֶל hingegen heißt einfach nur *hin, zu*.
Auch die Begründung ist hier anders als dort. Während in Kapitel 1 die bösen Taten im Mittelpunkt stehen, die die Leute getan haben, ist hier der Blick auf die Predigt gerichtet, auf die Botschaft, die Jona verkünden soll; הַקְּרִיאָה ist ein Hapaxlegomenon.

V.3a beginnt genauso wie der entsprechende Vers in Kapitel 1, aber diesmal endet er so, wie man es erwartet: Jona tut, was Gott ihm sagt.

וַיֵּלֶךְ in **V.3b** verhält sich so, wie ein Verbum פ"ו, wie man deutlich an der Lautfolge erkennen kann: Die Betonung auf dem Personalkennzeichen und die *e*-Laute sind typisch für diese Verbklasse. Die Phrase כִּדְבַר יְהוָה, *gemäß dem Worte des Herren*, können wir im Deutschen verbal auflösen, damit es nicht gestelzt klingt.

Einen Gegenstand oder eine Person kann man, um zu vergleichen, mit Gott in Verbindung setzen (wie im Deutschen: "Er war ein großer Künstler vor dem Herren"); damit soll ausgesagt werden, daß die Stadt Ninive selbst für göttliche Maßstäbe groß war (**V.3c**). מַהֲלַךְ in Verbindung mit יָמִים meint "Tagesreisen" und verdeutlicht hier die Ausdehnung der Stadt.

In **V.4a** begegnet uns wieder die Schwierigkeit, daß die Verba ע"ע nicht immer auf Anhieb erkennbar sind.

V.4c enthüllt die Botschaft Jonas; den Lesenden ist nicht mitgeteilt worden, wann und wie Jona sie von Gott erhalten hat, aber sie entspricht dem, was man erwartet hat: Ninive soll vernichtet werden. Das Wort הפך heißt in seiner Grundbedeutung "umstülpen, wenden".

אַנְשֵׁי in **V.5a** ist st.c.pl. des Lexems אִישׁ, *Mann*, und gehört zur Gruppe der *Nomina primitiva*, die oftmals Unregelmäßigkeiten aufweisen. Das Wort וַיַּאֲמִינוּ geht im Hebräischen mit der Präposition בְּ zusammen; es bedeutet *vertrauen auf*, *glauben an*, aber nicht im Sinne von πιστεύειν ὅτι.

Das ב in dem Wort וַיִּלְבְּשׁוּ (**V.5b**) trägt einen *dagesch* nicht als Zeichen für Piel, sondern wegen der Begadkefat-Zugehörigkeit (SG 19). Das EPP in מִגְּדוֹלָם und קְטַנָּם weist zurück auf die vorher erwähnten אַנְשֵׁי נִינְוֵה.

עבר in **V.6c** heißt eigentlich "hindurchziehen"; in Zusammenhang mit Kleidung und dem Wort מֵעַל bedeutet es "ausziehen". Mit וַיְכַס in **V.6d** begegnet uns eine Kurzform der Wurzel כסה. KF haben zwei Aufgaben: Sie bilden entweder den Jussiv oder den Narrativ. Hier im erzählenden Text ist klar, was gemeint ist, obgleich der Narrativ nicht auf den ersten Blick erkennbar ist: Es fehlt der *dagesch* im Personalkennzeichen. Das liegt daran, daß es sich hier um eine Piel-Form handelt, die immer *schwa* unter dem Präformativ trägt. Das Hebräische mag keine Doppelkonsonanten am Silbenende, und so entfällt der *dagesch* des Narrativs. Das gleiche gilt sinngemäß für die Piel-Schärfung, die wir eigentlich im ס erwarten würden. Die Redewendung "in Sack und Asche gehen" stammt natürlich von diesem orientalischen Buß-Ritus, wie sich übrigens das deutsche Wort "Sack" von dem gleichklingenden hebräischen ableitet.

וַיַּזְעֵק in **V.7a** ist deutlich als Hifil erkennbar am *patah* unter dem Personalkennzeichen und am *sere* in der zweiten Silbe. Die nachfolgende Konstruktion in **V.7b** ist nicht ganz leicht zu verstehen; den besten Zugang hat man, wenn man das מִן in מִטַּעַם

mit “als” wiedergibt. Das Wort steht im st.cstr. und bezieht sich damit auf die folgenden Satzelemente. וּגְדֹלָיו sind die “Großen” des Königs, seine Berater und Minister. טַעַם heißt “Edikt” und hat, obgleich es die selben Konsonanten aufweist, mit dem finiten Verb אַל־יִטְעֲמוּ in **V.7c** nichts zu tun. Die Wörter יִרְעוּ und יִשְׁתּוּ in **V.7d.e** gehören zur selben Verbklasse. Im Plural elidiert das schwache ה.

Mit וְיִתְכַּסּוּ in **V.8a** begegnet uns ein Wort, das wir in V.6d schon in einem anderen *binjan* kennengelernt hatten; hier hat es deutlich mehr Punkte. Hier und in den nachfolgenden beiden Sinneinheiten sind die Verben als PK+ו realisiert; sie sind noch Teil des königlichen Ediktes und setzen den negierten Jussiv von V.7c fort; an den Formen kann man es nicht erkennen - KF gibt es nur in endungslosen Formen, also in der 3.sg. -, lediglich der Kontext legt dieses Verständnis nahe.

In **V.8c$_1$** gibt es eine Inkongruenz im Numerus; dies ist ein typisches Merkmal hebräischer Erzählkunst, keine Nachlässigkeit.

Die Aussage in **V.9a.b.c** ist für deutsche Ohren verkürzt, im Hebräischen aber muß nicht mehr gesagt werden; der Sinn ist jedenfalls eindeutig, wenn wir in unserer Sprache nach dem ersten Satz ein “ob nicht” einfügen. In **V.9d** führt AKו-x die Struktur weiter; וְשָׁב könnte theoretisch auch Partizip sein (diese beiden Formen sind bei der hohlen Wurzel ja identisch), aber im Sinnzusammenhang ist dies unwahrscheinlich.

Obwohl *Elohim* in **V.10b** eine Gattungsbezeichnung ist, dient es in der hebräischen Bibel zur Bezeichnung des *einen* Gottes. Bisweilen kommt es vor, daß das Wort - wie hier - mit Artikel steht; eine Übersetzung des Artikels ins Deutsche empfiehlt sich aber nicht. Gott ist der Gott der Gnade, er will die Umkehr des Sünders, nicht seinen Tod. Die erbarmende Zuwendung Gottes zum gestrauchelten Menschen, der Gott um Gnade anruft, ist nicht eine Qualität, die das Neue Testament dem Alten hinzufügte, sondern eine wesentliche und grundlegende theologische Aussage der Hebräischen Bibel.

C. Glossar

א

אָב	Vater (m.)
1 אֲבֹתֶיךָ 2.sg.m.	Pl.m., nomen primitivum, אָב: Vater, +EPP
אבד	Qal: umkommen
2 נֹאבֵד Qal:	1.pl.m. PK, Qal, schwach פ"א, i.p., von אבד, umkommen
אַבְרָם	Abram (n.pr.)
אָדוֹן	Herr (m.)
אָדָם	Mensch (m.)
אַדֶּרֶת	Mantel (f.)
אהב	Qal: lieben
3 וְאָהַבְתָּ	2.sg.m.AKו, Qal, stark II gutt, schwach פ"א, von אהב, Qal: lieben
אהל	Qal: zelten
4 וַיֶּאֱהַל	3.sg.m. PKו, Qal, stark I gutt / II gutt, von אהל, Qal: zelten
אֹהֶל	Zelt (m.)
אוּלַי	vielleicht
אוֹר	Licht (m)

אוֹת	Zeichen (f.)
אָז	damals
אָח	Bruder (m.)
אֶחָד	einer (m.)
אַחַר	hinter
אַחֲרֵי	nach
איב	Qal: befeinden
אֹיְבָיו 5	part.pl.m., Qal, stark I gutt, von איב, Qal: befeinden, +EPP 3.sg.m.
אֵי־מִזֶּה	*Fragepartikel:* woher
אַיִן	*Fragepartikel:* wo
אַיִן	*Verneinung im Nominalsatz* (st.cstr.: אֵין)
אִישׁ	Mann (m.)
אַל	*Verneinung beim Jussiv*
אֶל	zu … hin
אֵל	Gott (m.)
אֵלֶּה	*Demonstrativpronomen:* diese (Pl.m./f.)
אֱלֹהִים	Gott

אֵלוֹן מוֹרֶה Elon Morē (Ortsname)

אִם wenn

אמן Nifal: beständig sein; Hifil: vertrauen, glauben
וַיַּאֲמִינוּ 6 3.pl.m. PKו, Hifil, stark I gutt, von אמן, Hifil: vertrauen

אמר Qal: sagen
אָמְרָה 7 3.sg.f. AK, Qal, stark III ר, schwach פ"א, von אמר, Qal: sagen
וְאָמַרְתָּ 8 2.sg.m. AKו, Qal, stark III ר, schwach פ"א, von אמר, Qal: sagen
וַיֹּאמֶר 9 3.sg.m. PKו, Qal, stark III ר, schwach פ"א, von אמר, Kal: sagen
וַתֹּאמֶר 10 3.sg.f. PKו, Qal, stark III ר, schwach פ"א, von אמר, Qal: sagen
לֵאמֹר 11 inf.cstr., Qal, stark III ר, schwach פ"א, von אמר, Qal: sagen, + לְ

אֲמִתַּי Amittai (n.pr.)

אֲנַחְנוּ wir

אֲנִי ich

אֳנִיָּה Schiff (f.)

אָנֹכִי ich

אַף Nase, Zorn (m.)

אֵפֶר Staub (f.)

אַרְבַּע	vier (m.)
אֲרוֹן	Kasten, Lade (m.)
אֶרֶז	Zeder, Zedernholz (m.)
ארך	Hifil: lang machen; lange leben
אֶרֶץ	Land, Erde (f.)
12 אַרְצָה	Sg.f., Segolatum, qatl-Bildung, אֶרֶץ: Land, + ה-locale
13 מֵאַרְצְךָ	Sg.f., Segolatum, qatl-Bildung, אֶרֶץ: Land, + מִן, +EPP 2.sg.m.
14 בָּאָרֶץ	St.a.sg.f., Segolatum, qatl-Bildung, אֶרֶץ: Land, + בְּ, + synkopierter Artikel
ארר	Qal: verfluchen
15 אָאֹר	1.sg.m. PK, Qal, stark I gutt., schwach ע"ע, von ארר, Qal: verfluchen
אִשָּׁה	Frau (f.)
16 אִשְׁתּוֹ	Sg.f., nomen primitivum, אִשָּׁה: Frau, +EPP 3.sg.m.
אֲשֶׁר	*Relativpartikel ("von dem gilt, daß")*
כַּאֲשֶׁר	*Relativpartikel*: wie, weil
אֵת	I. *Hinweispartikel auf eine determinierte Zielgröße* II. bei, mit
אַתָּה	Personalpronomen: du (m.)
אַתֶּם	Personalpronomen: ihr (m.pl.)

ב

	בְּ בַּ בָּ	enklitische Partikel: in; *temporal:* bei, während
	בְּאֵר	Brunnen (f.)
	בֹּהוּ	leer
	בְּהֵמָה	Vieh (f., gewöhnlich coll.)
	בוא	Qal: kommen ; Hifil: bringen
17	בָּאָה	st.abs.part.sg.f., Qal, schwach ע"ו / ל"א, von בוא, Qal: fahren
18	בֹּאֲכָה	inf.cstr., Qal, schwach ע"ו / ל"א, von בוא, Qal: kommen, +EPP 2.sg.m.
19	בֹּא־נָא	imp.sg.m., Qal, schwach ע"ו / ל"א, von בוא, Qal: kommen, in Maqqef-Verbindung mit נָא
20	בָּאת	2.sg.f. AK, Qal, schwach ע"ו / ל"א, von בוא, Qal: kommen
21	הֲבִיאֹתַנִי	2.sg.m. AK, Hifil, schwach ע"ו / ל"א, von בוא, Hifil: hinbringen, +EPP 1.sg.c.
22	וַיָּבֹא	3.sg.m. PKו, Qal, schwach ע"ו / ל"א, von בוא, Qal: kommen
	בחר	Qal: wählen
23	וַיִּבְחַר	3.sg.m. PKו, Qal, stark II gutt / III ר, von בחר, Qal: erwählen
	בֵּין	zwischen
	בַּיִת	Haus (m.)

בֵּן	Sohn (m.)
בנה	Qal: bauen; Nifal: erbaut werden, Kinder erhalten
24 אִבָּנֶה	1.sg.f. PK, Nifal, schwach ל"ה, von בנה, Nifal: Kinder erhalten
25 בְּנִיתֶם	2.pl.m. AK, Qal, schwach ל"ה, von בנה, Qal: bauen
26 וַיִּבֶן	3.sg.m. PKו, Qal, schwach ל"ה, von בנה, Qal: bauen
27 תִּבְנֶה־לִּי	2.sg.m. PK, Qal, schwach ל"ה, von בנה, Qal: bauen, in Maqqef-Verbindung mit לִי (לְ + EPP 1.sg.c.)
בָּקָר	Rindvieh (m.coll.)
ברא	Qal: schaffen *(nur von Gott)*
בֶּרֶד	Bered (n.pr.)
ברח	Qal: fliehen
28 בֹּרַחַת	st.abs.part.sg.f., Qal, stark II ר / III gutt, von ברח, Qal: fliehen
29 וַתִּבְרַח	3.sg.f. PKו, Qal, stark II ר / III gutt, von ברח, Qal: fliehen
30 לִבְרֹחַ	inf.cstr., Qal, stark II ר / III gutt, von ברח, Qal: fliehen, +לְ
בְּרִית	Bund (f.)
ברך	Piel: segnen, preisen; Nifal: gesegnet werden
31 וְנִבְרְכוּ	3.pl.c. AKו, Nifal, stark II ר, von ברך, Nifal: gesegnet werden
32 מְבָרְכֶיךָ	part.pl.m., Piel, stark II ר, von ברך, Piel: segnen, +EPP 2.sg.m.

בְּרָכָה Segen (f.)

ג

גְּבִירָה Herrin (f.)

גָּדוֹל groß
33 גְּדוֹלָה st.abs.sg.f., גָּדוֹל: groß

גדל Piel: groß/mächtig machen
34 וַאֲגַדְּלָה 1.sg.c.coh. PK+ו, Piel, von גדל, Piel: groß machen

גּוֹי Volk (m.)

גּוֹרָל Los (m.)

גַּם auch

גַּן Garten (m.)

ד

דבר Piel: reden, sprechen
35 דֹּבֵר st.abs.part.sg.m., Qal, stark III ר, von דבר, Qal: reden
36 דִּבֶּר 3.sg.m. AK, Piel, stark III ר, von דבר, Piel: reden
37 דִּבַּרְתִּי 1.sg.c. AK, Piel, stark III ר, von דבר, Piel: reden
38 הַדֹּבֵר st.abs.part.sg.m., Qal, stark III ר, von דבר, Qal: reden , + Artikel

39 וַיְדַבֵּר	3.sg.m. PKו, Piel, stark III ר, von דבר, Piel: reden
דָּבָר	Wort (m.)
40 הַדָּבָר	st.abs.sg.m., דָּבָר: Wort, + Artikel
41 כִּדְבַר	st.cstr.sg.m., דָּבָר: Wort, + כְּ
דְּבַשׁ	Honig (m.)
דָּוִד	David (n.pr.)
דֶּרֶךְ	Weg (m.)

ה

הָ הֶ הַ·	*bestimmter Artikel* (m./f.)
הֲ	*Fragepartikel*
הָגָר	Hagar (n.pr.)
הוּא	er; *mit Artikel*: jener
היה	Qal: sein
42 הָיָה	3.sg.m. AK, Qal, stark I gutt, schwach ל"ה, von היה, Qal: sein
43 הָיְתָה	3.sg.f. AK, Qal, stark I gutt, schwach ל"ה, von היה, Qal: sein
44 וָאֶהְיֶה	1.sg.m. PKו, Qal, stark I gutt, schwach ל"ה, von היה, Qal: sein

45 וֶהְיֵה	imp.sg.m., Qal, stark I gutt, schwach ל"ה, von היה, Qal: sein, + וְ-copulativum
46 וַיְהִי	3.sg.m. PKו, Qal, stark I gutt, schwach ל"ה, von היה, Qal: sein
47 יִהְיֶה־לִי	3.sg.m. PK, Qal, stark I gutt, schwach ל"ה, von היה, Qal: sein, in Maqqef-Verbindung mit לִי (לְ +EPP 1.sg.m.)
48 לִהְיוֹת	inf.cstr., Qal, stark I gutt, schwach ל"ה, von היה, Qal: sein, + לְ
49 תְּהִי	3.sg.f. PK-Kurzform (Jussiv), Qal, stark I gutt, schwach ל"ה, von היה, Qal: sein
50 וְהָיוּ	3.pl.m. AKו, Qal, stark I gutt, schwach ל"ה, von היה, Qal: sein
הלךְ	Qal: gehen; Hitpael: wandeln
51 הַהֹלֵךְ	st.abs.part.sg.m., Qal, schwach analog פ"ו, von הלךְ, Qal: gehen, +Artikel
52 הָלוֹךְ	inf.abs., Qal, schwach analog פ"ו, von הלךְ, Qal: gehen
53 הִתְהַלֵּךְ	imp.sg.m., Hitpael, schwach analog פ"ו, von הלךְ, Hitpael: wandeln
54 הִתְהַלַּכְתִּי	1.sg.m. AK, Hitpael, schwach analog פ"ו, von הלךְ, Hitpael: umherziehen
55 וַיֵּלֶךְ	3.sg.m. PKו, Qal, schwach analog פ"ו, von הלךְ, Qal: gehen
56 לֵךְ	imp.sg.m., Qal, schwach analog פ"ו, von הלךְ, Qal: gehen
57 לֶךְ־לְךְ	imp.sg.m., Qal, schwach analog פ"ו, von הלךְ, Qal: gehen, in Maqqef-Verbindung mit לְךְ (לְ +EPP 2.sg.m.)
58 לָלֶכֶת	inf.cstr., Qal, schwach analog פ"ו, von הלךְ, Qal: gehen, + לְ
59 מִתְהַלֵּךְ	st.abs.part.sg.m., Hitpael, schwach analog פ"ו, von הלךְ, Hitpael: umherziehen

60	תֵּלֵכִי	2.sg.f. PK, Qal, schwach analog פ"ו, i.p., von הלך, Qal: gehen
	הלל	Piel: loben, preisen
	הֲלֹם	hier, hierher
	הָמוֹן	Getümmel, Menge (m.)
	הִנֵּה	siehe
61	הִנָּךְ	הִנֵּה + EPP 2.sg.f.
	הפך	Nifal: umgestürzt werden
62	נֶהְפָּכֶת	st.abs.part.sg.f. i.p., Nifal, stark I gutt, von הפך, Nifal: umgestürzt werden
	הַר	Berg (m.)
	הרה	Qal: schwanger werden
63	וַתַּהַר	3.sg.f. PKו, Qal, stark I gutt / II ר, schwach ל"ה, von הרה, Qal: schwanger werden

ו

וִ וּ וֵ וָ וַ וְ	und

ז

זֹאת — *Demonstrativpronomen:* diese (Sg.f.)

זֶה — *Demonstrativpronomen:* dieser (Sg.m.)

זָהָב — Gold (m.)

זוב — Qal: fließen
64 זָבַת — st.cstr.f.sg. Pt. Qal, schwach ע"ו, von זוב, Qal: fließen

זמר — Piel: musizieren

זעק — Qal / Hifil: schreien
65 וַיַּזְעֵק — 3.sg.m. PKו, Hifil, stark II gutt, von זעק, Hifil: schreien
66 וַיִּזְעֲקוּ — 3.pl.m. PKו, Qal, stark II gutt, von זעק, Qal: schreien

זֶרַע — Same (m.)

ח

חֹבֵל — Schiffer (m.)

חִזָּיוֹן — Gesicht, Vision (m.)

חָזְקָה — Gewalt (f.)

חַטָּא	Sünder (m.)
חַי	lebendig; Leben (m.)
חֵיק	Busen, Schoß (f.)
חָלָב	Milch (m.)
חלל	Hifil: anfangen
67 וַיָּחֶל	3.sg.m. PKו, Hifil, stark I gutt, schwach ע"ע, von חלל, Hifil: anfangen
חָמָס	Unrecht (m.)
חָמֵשׁ	fünf (m.)
חֶסֶד	Bundestreue, Solidarität, Gnade (m.)
חֹק	Gesetz, Gewohnheit, Festgesetztes (m.)
חָרוֹן	Glut des Zorns (m.)
חָרָן	Haran (n.pr.)
חשׁב	Piel: im Begriff sein etw. zu tun
68 חִשְּׁבָה	3.sg.f. AK, Piel, stark I gutt, von חשׁב, Piel: im Begriff sein etw. zu tun
חֹשֶׁךְ	Dunkelheit (m.)

ט

טוֹב	gut (m.)
טֹטָפֹת	Erinnerungszeichen
טול	Hifil: werfen
69 הֵטִיל	3.sg.m. AK, Hifil, schwach ע"ו, von טול, Hifil: werfen
70 וַיָּטִלוּ	3.pl.m. PKו, Hifil, schwach ע"ו, von טול, Hifil: werfen
טעם	Qal: genießen
71 יִטְעֲמוּ	3.pl.m. PK, Qal, stark II gutt, von טעם, Qal: genießen
טַעַם	Edikt (m.)

י

יַבָּשָׁה	trockenes Land (f.)
יָד	Hand (f.)
ידע	Qal: wissen, erkennen
72 מִי־יוֹדֵעַ	st.abs.part.sg.m., Qal, stark III gutt, schwach פ"ו, von ידע, Qal: wissen, in Maqqefverbindung mit מִי
יָהּ	Abkürzung des Gottesnamens

יהוה Das Tetragramm

יוֹם Tag (m.)
73 יָמִים st.abs.pl.m., nomen primitivum, יוֹם: Tag

יוֹנָה Jona (n.pr.)

יַחַד beisammen (Adv.)

יטב Qal: gut gehen, gut sein
74 יִיטַב 3.sg.m. PK, Qal, schwach פ"י, von יטב, Qal: gut gehen

יכח Hifil: züchtigen, strafen

יכל Qal: können
75 יָכְלוּ 3.pl.c. AK, Qal, schwach פ"ו, von יכל, Qal: können

ילד Qal: gebären
76 בְּלֶדֶת inf.cstr., Qal, schwach פ"ו, von ילד, Qal: gebären, + בְּ
77 וְיָלַדְתְּ 2.sg.f. AKו, Qal, schwach פ"ו, von ילד, Qal: gebären, + ו-copulativum
78 וַתֵּלֶד 3.sg.f. PKו, Qal, schwach פ"ו, von ילד, Qal: gebären
79 יָלְדָה 3.sg.f. AK, Qal, schwach פ"ו, von ילד, Qal: gebären
80 מִלֶּדֶת inf.cstr., Qal, schwach פ"ו, von ילד, Qal: gebären, + מִן

יָם Meer; Westen (m.)

יָמִין die rechte Seite (f.)

ימן	Hifil: sich zur Rechten wenden
81 וְאֵימִנָה	1.sg.m.coh. PK+ו, Hifil, schwach פ"י, von ימן, Hifil: sich zur Rechten wenden
יסף	Hifil: fortfahren etwas. zu tun
82 וְלֹא־יֹסִיפוּ	3.pl.m. PK, Hifil, schwach פ"ו, von יסף, Hifil: fortfahren, in Maqqef-Verbindung mit וְלֹא (ו-copulativum + לֹא)
יָפוֹ	Jafo (n.pr.)
יצא	Qal: herausgehen
83 בְּצֵאתוֹ	inf.cstr., Qal, schwach פ"ו / ל"א, von יצא, Qal: herausgehen, + בְּ, +EPP 3.sg.m.
84 יֵצֵא	3.sg.m. PK, Qal, schwach פ"ו / ל"א, von יצא, Qal: herausgehen
ירא	Qal: sich fürchten , fürchten
85 וַיִּירְאוּ	3.pl.m. PKו, Qal, stark II ר, schwach פ"ו / ל"א, von ירא, Qal: sich fürchten
86 תִּירָא	2.sg.m. PK, Qal, stark II ר, schwach פ"ו / ל"א, von ירא, Qal: fürchten
87 יָרֵא	st.abs.part.sg.m., Qal, stark II ר, schwach פ"ו / ל"א, von ירא, Qal: fürchten
ירד	Qal: hinabgehen
88 וַיֵּרֶד	3.sg.m. PKו, Qal, stark II ר, schwach פ"ו, von ירד, Qal: hinabgehen
יַרְדֵּן	Jordan (n.pr.)
יְרִיעָה	Zelttuch (f.)
יַרְכָּה	der innerste Platz eines Schiffes (f.)

ירשׁ	Qal: (als Erbe) in Besitz nehmen
89 לְרִשְׁתָּהּ	Inf.cstr. Qal, stark II ר, schwach פ"ו, von ירשׁ, Qal: in Besitz nehmen, + EPP 3.sg.f., + לְ
יִשְׂרָאֵל	Israel (n.pr.)
ישׁב	Qal: wohnen, sitzen
90 וַיֵּשֶׁב	3.sg.m. PKו, Qal, schwach פ"ו, von ישׁב, Qal: wohnen
91 יוֹשֵׁב	st.abs.part.sg.m., Qal, schwach פ"ו, von ישׁב, Qal: sitzen
92 יֹשֵׁב	st.abs.part.sg.m., Qal, schwach פ"ו, von ישׁב, Qal: wohnen
93 יָשַׁב	3.sg.m. AK, Qal, schwach פ"ו, von ישׁב, Qal: wohnen
94 כִּי־יָשַׁב	3.sg.m. AK, Qal, schwach פ"ו, von ישׁב, Qal: sitzen, in Maqqef-Verbindung mit כִּי
95 לָשֶׁבֶת	u. לְשֶׁבֶת inf.cstr., Qal, schwach פ"ו, von ישׁב, Qal: wohnen, + לָ bzw. לְ
96 לְשִׁבְתִּי	inf.cstr., Qal, schwach פ"ו, von ישׁב, Qal: wohnen, + לְ, +EPP 1.sg.c.
97 בְּשִׁבְתְּךָ	inf.cstr., Qal, schwach פ"ו, von ישׁב, Qal: wohnen, + בְּ + EPP 2.sg.m.
יִשְׁמָעֵאל	Ismael (n.pr.)

כ

כָּ כַּ כְּ	*enklitische Partikel:* wie, entsprechend
כַּאֲשֶׁר	wie, weil
כָּבֵד	reich, schwer

כֹּה	so
כון	Hifil: aufstellen; Nifal: aufgestellt sein
98 וַהֲכִינֹתִי	1.sg.m. AKו, Hifil, schwach ע"ו, von כון, Hifil: aufstellen
99 וְכֹנַנְתִּי	1.sg.m. AKו, Pilpel, schwach ע"ו, von כון, Pilpel: aufstellen
כִּי	*emphatische Partikel*: ja; weil, daß, denn
כִּכָּר	umliegende Gegend (f.)
כֹּל	jeder, ganz, alle (mit Maqqef: כָּל־)
כְּלִי	Gerät (m.)
כֵּן	so
כְּנַעַן	Kanaan (n.pr.)
כְּנַעֲנִי	Kanaaniter (n.gent.)
כִּסֵּא	Sessel, Thron (m.)
100 מִכִּסְאוֹ	Sg.m., כִּסֵּא: Sessel, + מִן, +EPP 3.sg.m.
כסה	Piel: bedecken; Hitpael: sich verhüllen
101 וַיְכַס	3.sg.m. PKו, Piel, schwach ל"ה, von כסה, Piel: bedecken
102 וַיִּתְכַּסּוּ	3.pl.m. PK+ו, Hitpael, schwach ל"ה, von כסה, Hitpael: sich verhüllen
כֶּסֶף	Silber (m.)

כַּף (hohle) Hand (f.)

כרת Hifil: ausrotten

103 וָאַכְרִתָה 1.sg.m. PKו, Hifil, stark II ר, von כרת, Hifil: ausrotten, + ה-cohortativum

כתב Qal: schreiben

104 וּכְתַבְתָּם 2.sg.m. AKו, Qal, starkes Verbum, von כתב, Qal: schreiben, + EPP 3.p.m.

ל

לְ לַ לָ לִ לֵ *enklitische Partikel:* in bezug auf

לֹא nicht

לֵב Herz (m.)

לֵבָב Nebenform von לֵב

לבשׁ Qal: ausziehen

105 וַיִּלְבְּשׁוּ 3.pl.m. PKו, Qal, von לבשׁ, Qal: ausziehen

לוֹט Lot (n.pr.)

לַיְלָה Nacht (m.)

למד Piel: (ein)üben, lernen

106 לְלַמֵּד Inf.cstr. Piel, starkes Verbum, von למד, Piel: üben, + לְ

לָמָּה warum

לְמַעַן — darum, damit, daß

לִפְנֵי — vor (von פָּנֶה)

לקח — Qal: nehmen

107 וַיִּקַּח — 3.sg.m. PKו, Qal, stark III gutt, schwach analog פ"ן, von לקח, Qal: nehmen

108 וַתִּקַּח — 3.sg.f. PKו, Qal, stark III gutt, schwach analog פ"ן, von לקח, Qal: nehmen

109 לְקַחְתִּיךְ — 1.sg.m. AK, Qal, stark III gutt, schwach analog פ"ן, von לקח, Qal: nehmen, +EPP 2.sg.m.

מ

מְאֹד — sehr; als Substantiv: Kraft

מְאוּמָה — irgend etwas

מִדְבָּר — Wüste (m.)

מָה — *Fragepartikel*: was?

מַהֲלָךְ — Weg, Reise (m.). In Verbindung mit יוֹם: Tagesreise

מוֹלֶדֶת — Verwandtschaft (f.)

מִזְבֵּחַ — Altar (m.)

מְזוּזָה — Türpfosten (f.)

מִי — *Fragepartikel*: wer

	מַיִם	Wasser (Dual m.)
	מלא	Qal: erfüllt/voll sein
110	יִמְלְאוּ	3.pl.m. PK, Qal, schwach ל"א, von מלא, Qal: erfüllt sein
	מַלְאָךְ	Bote (m.)
	מְלָאכָה	Arbeit (f.)
	מַלָּח	Schiffer (m.)
	מֶלֶךְ	König (m.)
	מַמְלָכָה	Königreich, Königtum (f.)
111	מַמְלַכְתּוֹ	Sg.f., מַמְלָכָה: Königtum, +EPP 3.sg.m.
	מִן	*Partikel*: von … weg, aus
	מַסַּע	הלך לְמַסָּעָיו stationsweise wandern
	מֵעֶה	Eingeweide (m.)
	מַעֲשֶׂה	Tun, Handeln (m.)
112	מַעֲשֵׂיהֶם	pl.m., מַעֲשֶׂה: Handeln, +EPP 3.pl.m.
	מצא	Qal: finden
113	וַיִּמְצָא	3.sg.m. PKו, Qal, schwach ל"א, von מצא, Qal: finden
114	וַיִּמְצָאֶהָ	3.sg.m. PKו, Qal, schwach ל"א, von מצא, Qal: finden, +EPP 3.sg.f.
	מִצְוָה	Gebot, Befehl, Anordnung

מִצְרִי	Ägypter (n.gent.)
מִצְרַיִם	Ägypten (n.pr.)
מָקוֹם	Ort (m.)
מִקְנֶה	Besitz (m.)
מְרִיבָה	Streit (f.)
מִשְׁכָּן	Wohnung (m.)
מִשְׁפָּט	Recht, Rechtsordnung, Satzung (m.)
מִשְׁפָּחָה	Familie, Stamm, Geschlecht
מַשְׁקֶה	wasserreiche Gegend (m.)

נ

נָא	*emphatische Partikel*: doch
נָבִיא	Prophet (m.)
נֶגֶב	Süden (m.)
נגד	Hifil: erzählen, verkündigen
115 הַגִּידָה	Imp.sg.m., Hifil, schwach פ"ן, von נגד, Hifil: erzählen
116 וְהִגִּיד	3.sg.m. AKו, Hifil, schwach פ"ן, von נגד, Hifil: verkündigen

	נָגִיד	Fürst (m.)
	נגע	Qal: berühren, bis an etw. reichen
117	וַיִּגַּע	3.sg.m. PKו, Qal, stark III gutt, schwach פ"ן, von נגע, Qal: bis an etw. reichen
	נֶגַע	Schlag (m.)
	נוח	Hifil: Ruhe verschaffen
118	הֵנִיחַ־לוֹ	3.sg.m. AK, Hifil, stark III gutt, schwach ע"ו, von נוח, Hifil: Ruhe verschaffen, in Maqqef-Verbindung mit לוֹ (לְ +EPP 3.sg.m.)
119	וַהֲנִיחֹתִי	1.sg.m. AKו, Hifil, stark III gutt, schwach ע"ו, von נוח, Hifil: Ruhe verschaffen
	נָוֶה	Weide (m.)
	נחם	Nifal: bereuen
120	וְנִחַם	3.sg.m. AKו, Nifal, stark II gutt, schwach פ"ן, von נחם, Nifal: bereuen
	נטה	Qal: ausspannen
121	וַיֵּט	3.sg.m. PKו, Qal, schwach פ"ן / ל"ה, von נטה, Qal: ausspannen
	נטע	Qal: pflanzen
	נִינְוֵה	Ninive (n.pr.)
	נסע	Qal: aufbrechen, ziehen
122	וַיִּסַּע	3.sg.m. PKו, Qal, stark III gutt, schwach פ"ן, von נסע, Qal: aufbrechen

נפל		Qal: fallen; Hifil: fallen machen, Los werfen
וַיִּפֹּל	123	3.sg.m. PKו, Qal, schwach פ"ן, von נפל, Qal: fallen
נֶפֶשׁ		Seele, Leben (f.)
נשׂא		Qal: heben, aufheben; ertragen
וַיִּשָּׂא	124	3.sg.m. PKו, Qal, schwach פ"ן / ל"א, von נשׂא, Qal: heben
נָשָׂא	125	3.sg.m. AK, Qal, schwach פ"ן / ל"א, von נשׂא, Qal: ertragen
נתן		Qal: geben
אֶתֵּן	126	1.sg.m. PK, Qal, schwach פ"ן, von נתן, Qal: geben
וְאֶתְּנָה	127	1.sg.m.coh. PK + ו, Qal, schwach פ"ן, von נתן, Qal: geben
וַתִּתֵּן	128	3.sg.f. PKו, Qal, schwach פ"ן, von נתן, Qal: geben
נָתָן		Nathan (n.pr.)

ס

סָבִיב		ringsum (Adv.)
סְדֹם		Sodom (n.pr.)
סור		Qal: weichen; Hifil: weichen lassen
הֲסִרֹתִי	129	1.sg.m. AK, Hifil, stark III ר, schwach ע"ו, von סור, Hifil: weichen lassen
יָסוּר	130	3.sg.m. PK, Qal, stark III ר, schwach ע"ו, von סור, Qal: weichen

סְפִינָה Schiff (f.)

ספר Nifal: gezählt werden

131 יִסָּפֵר 3.sg.m. PK, Nifal, stark III ר, von ספר, Nifal: gezählt werden

ע

עֶבֶד Diener, Knecht (m.)

עבר Qal: hindurchziehen; Hifil: (Kleider) ausziehen

132 וַיַּעֲבֵר 3.sg.m. PKו, Hifil, stark I gutt / III ר, von עבר, Hifil: ausziehen

133 עֹבְרִים st.a.pl.m. Pt. Qal, stark I gutt / III ר, von עבר, Qal: hindurchziehen

עִבְרִי Hebräer (n.gent.)

עַד bis

עוֹד noch

עוה Hifil: schlecht handeln, sündigen

עַוְלָה Verkehrtheit (f.)

עוֹלָם ununterbrochene Zeit, Ewigkeit, Weltzeit (m.)

עַי Ai (n.pr.)

עַיִן Auge; Quelle (f.)

עִיר Stadt (f.)

עַל	auf, über
עַל־כֵּן	deshalb
עלה	Qal: heraufgehen
134 הַעֲלֹתִי	inf.cstr., Hifil, stark I gutt, schwach ל"ה, von עלה, Hifil: hinaufführen, +EPP 1.sg.m.
135 וַיַּעַל	3.sg.m. PKו, Qal, stark I gutt, schwach ל"ה, von עלה, Qal: heraufgehen
136 עָלְתָה	3.sg.f. AK, Qal, stark I gutt, schwach ל"ה, von עלה, Qal: heraufgehen
עַם	Volk (m.)
עִם	mit
עֲמֹרָה	Gomorra (n.pr.)
ענה	Piel: schlecht behandeln; Hitpael: sich demütigen
137 וְהִתְעַנִּי	imp.sg.f., Hitpael, stark I gutt, schwach ל"ה, von ענה, Hitpael: sich demütigen, + ו-copulativum
138 וַתְּעַנֶּהָ	3.sg.f. PKו, Piel, stark I gutt, schwach ל"ה, von ענה, Piel: schlecht behandeln, +EPP 3.sg.f.
139 לְעַנּוֹתוֹ	inf., Piel, stark I gutt, schwach ל"ה, von ענה, Piel: schlecht behandeln, + לְ, +EPP 3.sg.m.
עֳנִי	Elend, Leiden (m.)
עצר	Qal: verschließen
140 עֲצָרַנִי	3.sg.m. AK, Qal, stark I gutt / III ר, von עצר, Qal: verschließen, +EPP 1.sg.f.
ערב	Qal: angenehm sein

עשׂה	Qal: tun, machen zu
141 וְעָשִׂתִי	1.sg.m. AKו, Qal, stark I gutt, schwach ל"ה, von עשׂה, Qal: machen
142 לַעֲשׂוֹת	inf.cstr., Qal, stark I gutt, schwach ל"ה, von עשׂה, Qal: tun, + לְ
143 עָשָׂה	3.sg.m. AK, Qal, stark I gutt, schwach ל"ה, von עשׂה, Qal: machen
144 עֲשֵׂה	imp.sg.m., Qal, stark I gutt, schwach ל"ה, von עשׂה, Qal: machen
145 עָשׂוּ	3.pl.m. AK, Qal, stark I gutt, schwach ל"ה, von עשׂה, Qal: erwerben
146 עֲשִׂי־לָהּ	imp.sg.f., Qal, stark I gutt, schwach ל"ה, von עשׂה, Qal: machen, in Maqqef-Verbindung mit לָהּ (לְ +EPP 3.sg.f.)
עֶשֶׂר	zehn (m.)
עשׁת	Hitpael: jmd. gedenken
147 יִתְעַשֵּׁת	3.sg.m. PK, Hitpael, stark I gutt, von עשׁת, Hitpael: jmd. gedenken (konstruiert mit לְ)
עַתָּה	jetzt
עתק	Hifil: aufbrechen, fortziehen
148 וַיַּעְתֵּק	3.sg.m. PKו, Hifil, stark I gutt, von עתק, Hifil: aufbrechen

פ

פָּנֶה	Angesicht (m., nur im Pl.)
פֶּרֶא	Wildesel (m.)

פרד	Nifal: sich trennen
149 הִפָּרֶד	imp.sg.m., Nifal, stark II ר, von פרד, Nifal: sich trennen
פְּרִזִּי	Perisiter (n.pr.)

צ

צֹאן	Kleinvieh, i.e. Schafe und Ziegen (f., coll.)
צָבָא	Heer (m.)
צוה	Piel: befehlen
150 צִוִּיתִי	1.sg.m. AK, Piel, schwach ל"ה, von צוה, Piel: befehlen
151 צִוָּה	3.sg.m. AK, Piel, schwach ל"ה, von צוה, Piel: befehlen
152 מְצַוְּךָ	Pt.m.sg., Piel, schwach ל"ה, von צוה, Piel: befehlen, + EPP 2.sg.m.
צוֹם	Fasten (m.)
צֹעַר	Zoar (n.pr.)

ק

קֶדֶם	Osten (m.)
קָדֵשׁ	Kadesch (n.pr.)
קוֹל	Stimme (m.)

קום Hifil: aufstellen, errichten; Qal: aufstehen
153 וַהֲקִימֹתִי 1.sg.m. AKו, Hifil, schwach ע"ו, von קום, Hifil: erwecken
154 קוּם imp.sg.m., Qal, schwach ע"ו, von קום, Qal: aufstehen
155 וּבְקוּמֶךָ Inf.cstr., Qal, schwach ע"ו, i.p., von קום, Qal: aufstehen, + וְ + בְּ + EPP 2.sg.m.

קָטֹן klein (m.)

קלל Piel: verfluchen; Qal: verachtet sein; Hifil: leicht machen
156 וָאֵקַל 1.sg.f. PKו, Qal, schwach ע"ע, von קלל, Qal: gering sein
157 וּמְקַלֶּלְךָ part.sg.m., Piel, schwach ע"ע, von קלל, Piel: verfluchen, + ו-copulativum, + EPP 2.sg.m.
158 לְהָקֵל inf.cstr., Hifil, schwach ע"ע, von קלל, Hifil: leicht machen, + לְ

קֵץ Ende (m.)

קרא Qal: rufen, nennen
159 וַיִּקְרָא 3.sg.m. PKו, Qal, stark II ר, schwach ל"א, von קרא, Qal: rufen
160 וְקָרָאת 2.sg.f. AKו, Qal, stark II ר, schwach ל"א, von קרא, Qal: rufen

קרב Qal: sich nähern

קְרִיאָה Verkündigung (f.)

קשר Qal: binden
161 וּקְשַׁרְתָּם 2.sg.m. AKו, Qal, stark III ר, Qal: binden, + EPP 3.pl.m.

ר

ראה Qal: sehen; Nifal: erscheinen, sich zeigen

162 אַרְאֶךָּ 1.sg.m. PK, Hifil, stark I ר / II gutt, schwach ל"ה, von ראה, Hifil: zeigen, + nun-energicum, +EPP 2.sg.m.

163 הַנִּרְאֶה st.abs.part.sg.m., Nifal, stark I ר / II gutt, schwach ל"ה, von ראה, Nifal: erscheinen, + Artikel

164 וַיַּרְא 3.sg.m. PKו, Qal, stark I ר / II gutt, schwach ל"ה, von ראה, Qal: sehen

165 וַיֵּרָא 3.sg.m. PKו, Nifal, stark I ר / II gutt, schwach ל"ה, von ראה, Nifal: erscheinen

166 רְאֵה imp.sg.m. , Qal, stark I ר / II gutt, schwach ל"ה, von ראה, Qal: sehen

רִאשׁוֹן der erste; בָּרִאשֹׁנָה früher (Adv.)

רֵאשִׁית Anfang

רָב zahlreich, groß, mächtig

רֹב Menge (m.)

167 מֵרֹב st.a., sg.m., רֹב: Menge, + מִן

רבה Qal: zahlreich sein, Hifil: vermehren

168 תִּרְבּוּן 2.pl.m. PK, Qal, stark I ר, schwach ל"ה, von רבה, Qal: zahlreich sein + ן-paragogicum

169 הַרְבָּה אַרְבֶּה inf.abs., Hifil, stark I ר, schwach ל"ה, von רבה, Hifil: vermehren; 1.sg.m. PK, Hifil derselben Wurzel (figura etymologica)

170 וְאַרְבֶּה	1.sg.m.coh. PK + ו, Hifil, stark I ר, schwach ל"ה, von רבה, Hifil: vermehren
רגז	Qal: in Unruhe geraten, erregt werden
171 יִרְגַּז	3.sg.m. PK, Qal, stark I ר, von רגז, Qal: in Unruhe geraten
רדם	Nifal: in tiefem Schlaf liegen
172 וַיֵּרָדַם	3.sg.m. PKו, Nifal, stark I ר, von רדם, Nifal: in tiefem Schlaf liegen
רוּחַ	Geist, Hauch, Atem, Wind (f.)
רחף	Piel: schweben, flattern
רִיב	Streit (m.)
רְכוּשׁ	Besitz (m.)
רכשׁ	Qal: erwerben
רֵעַ	Freund, Nächster (m.)
רעה	Qal: weiden
173 יִרְעוּ	3.pl.m. PK, Qal, stark I ר / II gutt, schwach ל"ה, von רעה, Qal: weiden
174 לִרְעוֹת	inf.cstr., Qal, stark I ר / II gutt, schwach ל"ה, von רעה, Qal: weiden + לְ
175 רֹעֵי	st.cstr.part.pl.m., Qal, stark I ר / II gutt, schwach ל"ה, von רעה, Qal: weiden
רָעָה	Übel, Unheil (f.)
רָשָׁע	Frevler (m.)

שׂ

שִׂיחַ Beschäftigung; Sorge; Rede (m.)

שִׂים Qal: setzen, stellen, aufstellen
וְשַׂמְתִּי 176 1.sg.m. AKו, Qal, schwach ע"י, von שִׂים, Qal: setzen

שָׂכָר Lohn (m.)

שְׂמֹאל die linke Seite (m.); davon denom.: Hifil: sich zur Linken wenden
וְאַשְׂמְאִילָה 177 1.sg.PK+ו, coh., Hifil, denom. von שְׂמֹאל, Hifil: sich zur Linken wenden

שׂמח Qal: sich freuen

שַׂק Sack (m.)

שָׂרַי Sarai (n.pr.)

שׁ

שֶׁ· *Relativpartikel* (בְּשֶׁלְּמִי: um wessentwillen)

שָׁאוּל Saul (n.pr.)

שֵׁבֶט Stamm (m.)

שֶׁבַע sieben (m.)

שׁבר Nifal: zerbrochen werden
178 לְהִשָּׁבֵר inf.cstr., Nifal, stark III ר, von שׁבר, Nifal: zerbrochen werden, + לְ

שַׁדַּי Schaddai (n.pr.); *Name Gottes*

שׁוב Qal: zurückkehren, sich wenden
179 וַיָּשֻׁבוּ 3.pl.m. PK+ו, Qal, schwach ע"ו, von שׁוב, Qal: sich wenden

שׁוּר Schur (n.pr.)

שׁחת Piel: verderben
180 שַׁחֵת inf.cstr., Piel, stark II gutt, von שׁחת, Piel: verderben

שׁיר Qal: singen

שׁכב Qal: sich legen; liegen
181 וְשָׁכַבְתָּ 2.sg.m. AKו, Qal, starkes Verbum, von שׁכב, Qal: sich legen
182 וּבְשָׁכְבְּךָ Inf.cstr., Qal, starkes Verbum, von שׁכב, Qal: sich legen, + וְ + בְּ + EPP 2.sg.m.

שְׁכֶם Sichem (n.pr.)

שׁכן Qal: wohnen
183 וְשָׁכַן 3.sg.m. AKו, Qal, von שׁכן, Qal: wohnen
184 יִשְׁכֹּן 3.sg.m. PK, Qal, von שׁכן, Qal: wohnen

שָׁלֹשׁ drei (m.)

	שָׁם	dort (Adv.)
	שָׁמָּה	dorthin (Adv.)
	שֵׁם	Name (m.)
	שָׁמַיִם	Himmel (m.)
	שְׁמֹנֶה	acht (m.)
	שׁמע	Qal: hören
185	וַיִּשְׁמַע	3.sg.m. PKו, Qal, stark III gutt, von שׁמע, Qal: hören
186	וְשָׁמַעְתָּ	2.sg.m. AKו, Qal, stark III gutt, von שׁמע, Qal: hören
187	שְׁמַע	Imp.sg.m., Qal, stark III gutt, von שׁמע, Qal: hören
	שׁמר	Qal: behüten, bewahren
188	וְשָׁמַרְתָּ	2.sg.m.AKו, Qal, stark III ר, von שׁמר, Qal: behüten
189	לִשְׁמֹר	Inf.cstr. Qal, stark III ר, von שׁמר, Qal: behüten + לְ
	שָׁנָה	Jahr (f.)
	שֵׁנִי	der zweite (שֵׁנִית, f.); als Adv.: zum zweiten Mal)
	שׁנן	Piel: (jmd. etwas) einschärfen
190	וְשִׁנַּנְתָּם	2.sg.m. AKו, Piel, von שׁנן, starkes Verbum, Piel: einschärfen + EPP 3.pl.m.
	שַׁעַר	Tor (m./f.)

שִׁפְחָה Magd (f.)

שׁפט Qal: richten

שֵׁשׁ sechs (m.)

שׁתה Qal: trinken

191 יִשְׁתּוּ 3.pl.m. PK, Qal, schwach ל"ה, von שׁתה, Qal: trinken

ת

תֹּהוּ wüst, öde (m.)

תְּהוֹם Urflut (m. u. f.)

תָּוֶךְ Mitte (m.)

תַּחַת unter; anstelle

תְּחִלָּה בַּתְּחִלָּה: vordem

תָּם pl. תָּמִים: unsträflich (f.)

תמם Qal: ein Ende nehmen, umkommen

תַּרְשִׁישׁ Tarsis (n.pr.)

תֵּשַׁע neun (m.)

D. Anhang
1. Verdeutschungen

1.1 Gen 12,1-9

[1a PKו-x] Da sprach der Herr zu Abram: [b: Imp.-x] "Geh' du aus deinem Land und aus deiner Verwandtschaft und aus dem Haus deines Vaters in das Land, [b_1: אשר-Satz: x-PK], das ich dir zeigen werde. [2a PK+ו-x] Und ich will dich zu einem großen Volk machen [b PK(-x)] und dich segnen [c PK+ו-x] und deinen Namen groß machen. [d Imp.-x] Und sei ein Segen! [3a PK+ו-x+ Pt] Und ich will segnen, die dich segnen, [3b x-PK+Pt] und wer dich verwünscht, den verfluche ich. [3c AKו-x] Und es werden sich segnen durch dich alle Familien der Erde." [4a PKו-x] Da ging Abram, [a_1 כאשר-Satz: x-AK] wie der Herr zu ihm gesprochen hatte. [4b PKו-x] Und es ging mit ihm Lot. [4c NoS+Inf.c.] Und Abram war ein Sohn von 75 Jahren, als er aus Haran auszog. [5a PKו-x] Und Abram nahm Sarai, seine Frau, und Lot, den Sohn seines Bruders, und all ihren Erwerb, [a_1 אשר-Satz: x-AK] den sie erworben hatten, und die Seelen, [a_2 אשר-Satz: x-AK] die sie gewonnen hatten in Haran. [5b PKו-x + Inf.c.] Und sie zogen aus, um in das Land Kanaan zu gehen. [5c PKו-x] Und sie gingen hinein in das Land Kanaan. [6a PKו-x] Und Abram durchzog das Land bis zu dem Ort Sichem, bis nach Elon More. [6b NoS] Und die Kanaanäer waren noch im Land. [7a PKו-x] Da ließ sich der Herr dem Abram sehen [7b PKו(-x)] und sprach zu ihm: [7c x-PK]: "Deiner Nachkommenschaft werde ich dieses Land geben." [7d PKו-x + Pt.] Da baute er dort dem Herrn, der ihm erschienen war, einen Altar. [8a PKו-x] Und er brach auf von dort ins Gebirge, östlich von Betel. [8b PKו-x] Und er schlug sein Zelt auf, Betel im Westen, Ai im Osten. [8c PKו-x] Und er baute dort einen Altar für den Herrn [8d PKו-x] und rief den Namen des Herrn an. [9a PKו-x + 2x Inf.a.] Dann machte sich Abram auf, indem er ging und sich aufmachte, ins Südland.

1.2 Gen 13,1-12

[1a PKו-x] Da zog Abram aus Ägypten heraus, er und seine Frau und alles, [$1a_1$ NP] was ihm gehörte - [1b NoS] und Lot war mit ihm -, ins Südland. [2a NoS] Und Abram war sehr reich an Besitz, Silber und Gold. [3a PKו-x] Und er ging stationsweise weiter aus dem Südland bis nach Bethel, bis zu dem Ort, [$3a_1$אשר-Satz: x-AK] an dem damals sein Zelt gewesen war, zwischen Bethel und Ai, [(4a) Weiterführung] bis zu dem Ort des Altars, [$4a_1$ אשר-Satz: x-AK] den er dort beim ersten Mal gemacht hatte. [4b PKו-x] Und es rief dort Abram den Namen des Herren aus.[5a x-AK + Pt.] Und auch Lot, der mit Abram ging, hatte Klein- und Großvieh und Zelte. [6a x-AK + Inf.c.] Und nicht trug sie der Erdboden, daß sie zusammen hätten wohnen können. [6b *ki*-Satz: x-AK] Ja, es war ihr Besitz zu groß, [6c x-AK + Inf.c.] und nicht vermochten sie zusammen zu wohnen. [7a PKו-x + 2x Pt] Da gab es einen Streit zwischen den Hirten des Besitzes Abrams und den Hirten des Besitzes Lots. [7b NoSpt] Und die Kanaanäer und die Perisiter wohnten noch im Land. [8a PKו-x] Da sprach Abram zu Lot: [8b x-PKKF + 2x Pt.] "Es sei doch kein Streit zwischen mir und zwischen dir und zwischen meinen Hirten und deinen Hirten. [8c כי-Satz: NoS] Ja, Männer, Brüder sind wir! [9a NoS] Ist nicht das ganze Land vor dir? [9b Imp.-x] Trenne dich doch von mir! [9c NoS] Ist es links, [9d PK+ו(-x)] so will ich nach rechts gehen, [9e NoS] und ist es rechts, [9f PK+ו(-x)], so will ich nach links gehen." [10a PKו-x] Da hob Lot seine Augen [10b PKו-x] und sah den ganzen Jordankreis. [10c NoS + 2x Inf.c.] Ja, er war ganz wasserreich, bevor der Herr Sodom und Gomorra ausrottete, wie der Garten des Herren, wie das Land Ägypten, wenn du nach Zoar kommst. [11a PKו-x] Da erwählte sich Lot den ganzen Jordankreis. [11b PKו-x] Und Lot machte sich nach Osten auf. [11c PKו-x] So trennten sie sich, ein Mann von seinem Bruder. [12a x-AK] Abram wohnte im Land Kanaan, [12b x-AK] Lot aber wohnte in den Städten des Kreises, [PKו-x] und er schlug seine Zelte bis nach Sodom auf.

1.3 Gen 16,1-9

[1a x-PK] Und Sarai, die Frau Abrams, hatte ihm nicht geboren. [1b NoS] Sie hatte aber eine ägyptische Magd, [1c NoS] und ihr Name war Hagar. [2a PKו-x] Da sprach Sarai zu Abram: [2b x-AK + Inf.c.] "Sieh' doch: Der Herr hat mich verschlossen vom Gebären. [2c Imp.-x] Geh' doch zu meiner Magd. Vielleicht werde ich durch sie erbaut (vielleicht erhalte ich durch sie Söhne)." [2e PKו-x] Und Abram hörte auf die Stimme Sarais. [3a PKו-x + Inf.c.] Da nahm Sarai, die Frau Abrams, Hagar, die Ägypterin, ihre Magd, nach Verlauf von zehn Jahren, in denen Abram im Land Kanaan lebte. [3b PKו-x] Und sie gab sie dem Abram, ihrem Mann, ihm zur Frau. [4a PKו-x] Da ging er hinein zu Hagar, [4b PKו-x] und sie wurde schwanger. [4c.c_1 PKו-x + *ki*-Satz: x-AK] Und als sie merkte, daß sie schwanger war, [4d PKו-x] da wurde ihre Herrin in ihren Augen gering geachtet. [5a PKו-x] Da sagte Sarai zu Abram: [5b NoS] "Mein Unrecht komme über dich! [5c x-AK] Ich, ich habe meine Magd an deinen Busen gelegt. [5d.d1 PKו-x + *ki*-Satz: x-AK] Und als sie merkte, daß sie schwanger war, [5e PKו-x] da wurde ich in ihren Augen gering geachtet. [5f PK-x] Es richte der Herr zwischen mir und zwischen dir!" [6a PKו-x] Da sagte Abram zu Sarai: [6b NoS] "Siehe, deine Magd ist in deiner Hand. [6c Imp.-x] Verfahre mit ihr, wie es in deinen Augen das Beste ist." [6c PKו-x] Da bedrängte Sarai sie, [6d PKו-x] und sie floh vor ihrem Angesicht. [7a PKו-x] Da fand sie der Bote des Herrn an der Wasserquelle in der Wüste, an der Quelle auf dem Weg nach Schur. [8a PKו] Und er sagte: [8b x-AK] "Hagar, Magd Sarais, woher kommst du? [8c x-PK] Und wohin gehst du?" [8d PKו] Da sagte sie: [NoSpt] "Vor dem Angesicht Sarais, meiner Herrin, flüchte ich." [9a PKו-

x] Da sagte zu ihr der Bote des Herrn: [9b Imp.-x] "Kehre um zu deiner Herrin [Imp.-x] und beuge dich unter ihre Hand.

1.4 Gen 16,10-17,4

[10a PKו-x] Da sprach zu ihr der Bote des Herrn: [x-PK + Inf.a.] "Mehren, ja mehren will ich deinen Samen. [10c x-PK] Und man wird ihn nicht zählen können aufgrund seiner Menge." [11a PKו-x] Da sprach zu ihr der Bote des Herrn: [11b NoSpt] "Siehe, du bist schwanger. [11c PK+ו-x] Und du wirst einen Sohn gebären. [11d AKו-x] Und du wirst seinen Namen Jischmael nennen. [11e x-AK] Denn der Herr hat dein Elend gehört. [12a x-PK] Und er, er wird ein Wildesel von einem Menschen sein, [12b NoS] seine Hand gegen alle, [12c NoS] und die Hand aller gegen ihn, [12d x-PK] und all seinen Brüdern zum Trotze wird er wohnen." [13a PKו-x + Pt.] Da rief sie den Namen des Herrn an, der zu ihr gesprochen hatte: [13b NoS] "Du bist der Gott, der mich sieht." [13c x-AK] Denn sie sagte sich: [13d x-AK + Pt.] "Habe ich denn nicht hier dem nachgesehen, der mich sieht?" [14a x-AK (+Pt.)] Aufgrund dessen nennt man den Brunnen "Brunnen des Lebendigen, der mich sieht". [14b NoS] Siehe, er liegt zwischen Kadesch und Bered. [15a PKו-x] Hagar gebar dem Abram einen Sohn. [15b.b_1 PKו-x + אשר-Satz: x-AK] Und Abram nannte den Namen seines Sohnes, den Hagar ihm geboren hatte, Jischmael. [16a NoS + Inf.c] Abram war 86 Jahre alt, als Hagar dem Abram den Jischmael gebar.
[17,1a PKו-x] Abraham war 99 Jahre alt, [1b PKו-x] da erschien der Herr dem Abram. [1c PKו-x] und sprach zu ihm: [1d NoS] "Ich bin El-Schaddai. [1e Imp.-x] Wandle vor meinem Angesicht [1f Imp.-x] und sei vollkommen! [2a PK+ו-x] Ich werde meinen Bund stiften zwischen mir und zwischen dir [2b PK+ו-x] und dich überaus zahlreich machen. [3a PKו-x] Da fiel Abram auf sein Angesicht, [3b PKו-x + Inf.c] und Gott sprach mit ihm folgendermaßen: [4a NoS] "Ich: Siehe, mein Bund ist mit dir. [4b AKו-x] Und du wirst der Vater einer lärmenden Volksmenge."

1.5 Dtn 6,1-9

[1a NoS] Und dies ist das Gebot - die Vorschriften und Rechtssatzungen, [$1a_1$ אשר-Satz: x-AK + 2x Inf.c.], die der Herr, euer Gott, gebot euch einzuüben, (sie) zu tun in dem Land, [$1a_2$ אשר-Satz: NoSpt + inf.c.] das ihr dorthin durchschreitet, es in Besitz zu nehmen, [2a x-PK + inf.c.] damit du Ehrfurcht erweist dem Herrn, deinem Gott, indem du alle seine Vorschriften und Gebote bewahrst, [2a1 אשר-Satz: NoSpt] die ich dir gebiete, du und dein Sohn und der Sohn deines Sohnes, alle Tage deines Lebens, [2b x-PK] und damit deine Tage lang sein werden. [3a AKו-x] Und du wirst hören, Israel, [3b.b_1 AKו-x +Inf.c + אשר-Satz: x-PK] und du wirst bewahren, es zu tun, daß es dir gut geht, [$3b_2$ אשר-Satz: x-PK] und daß du sehr zahlreich wirst, [$3b_3$ אשר-Satz: x-AK + Pt] wie es dir der Herr, der Gott deiner Väter gesagt hat: Ein Land, fließend von Milch und Honig. [4a Imp.-x] Höre, Israel, [4b NoS] der Herr ist unser Gott, der Herr allein. [5a AKו-x] Und du liebst den Herrn, deinen Gott, mit deinem ganzen Herzen und mit deiner ganzen Seele und mit deiner ganzen Kraft. [6a AKו-x; $6a_1$ אשר-Satz: NoS] Diese Worte, die ich dir heute gebiete, werden auf deinem Herzen sein; [7a AKו-x] du schärfst sie deinem Sohn ein [7b AKו-x + 4x Inf.c.] und redest von ihnen, wenn du in deinem Hause sitzt und wenn du auf dem Weg bist und wenn du dich schlafen legst und wenn du aufstehst. [8a AKו-x] Du bindest sie als Zeichen um deine Hand, [8b AKו-x] und sie sind ein Erinnerungszeichen zwischen deinen Augen. [9a AKו-x] Du schreibst sie auf die Pfosten deines Hauses und auf deine Tore.

1.6 2 Sam 7,1-9

[1a.a1 PKו-x +כי-Satz: x-AK] Und es geschah, als der König in seinem Hause saß, [1b x-AK] und der Herr ihm rundherum Ruhe verschafft hatte von all' seinen Feinden, [2a PKו-x] da sprach der König zu Nathan, dem Propheten: [2b Imp.-x] "Sieh' doch: [2c NoSpt] Ich sitze in einem Haus aus Zedernholz, [2d NoSpt] aber die Lade Gottes wohnt mitten unter Zeltdecken!" [3a PKו-x] Da sprach Nathan zum König: [3b.b_1 x-Imp. + אשר-Satz: NP] "Alles, was in deinem Herzen ist, gehe hin, [3c.c1 Imp. + אשר-Satz: NoS] (und) tue es, denn der Herr ist mit dir." [4a PKו-x] Aber es geschah in jener Nacht, [4b PKו-x + Inf.c.] da geschah das Wort des Herrn zu Nathan folgendermaßen: [5a Imp.] "Geh, [5b AKו-x] und du sprichst zu meinem Knecht, zu David: [5c x-AK] 'So spricht der Herr: [5d x-PK] Du, du willst mir ein Haus bauen? [6a x-AK + Inf.c.] Ja, nicht habe ich in einem Haus gewohnt von dem Tage an, als ich die Kinder Israels aus Ägypten führte bis zu diesem Tage. [6b PKו-x + Pt.] Da war ich ein Umherziehender in Zelt und Wohnung. [7a.a_1: x-AK + inf.a. + אשר-Satz: x-AK] Überall, wo ich umherging unter allen Kindern Israels, habe ich etwa gesagt zu einem der Stämme Israels, [$7a_2$ x-AK + 2x Inf.c.] denen ich geboten habe mein Volk, Israel, zu hüten, indem ich sagte: [7b: x-AK] 'Warum habt ihr mir kein Haus aus Zedernholz gebaut?' [8a x-PK] Und nun: So sprichst du zu meinem Knecht, zu David: [8b x-AK] So spricht der Herr Zebaoth: [8c x-AK + Inf.c.] Ich, ich habe dich von der Weide genommen, hinter dem Kleinvieh weg, daß du seist ein Fürst über mein Volk, über Israel.[9a PKו-x] Und ich war mit dir überall, [$9a_1$ x-AK] wo du gingst, [9b PKו-x + Pt.] und ich habe all' deine Feinde vor dir ausgerottet. [9c AKו-x] Und ich werde dir einen großen Namen machen, wie den Namen der Großen, [$9c_1$ NP] die auf Erden sind.

1.7 2 Sam 7, 10-18

[10a AKו-x] Und ich setze einen Ort für mein Volk, für Israel, [10b AKו] Und ich pflanze es ein, [10c AKו-x] und es wohnt an seinem Platz [10d x-PK] und es wird nicht mehr in Unruhe versetzt. [10e x-PK + Inf.c.] Und es werden die Kinder der Bosheit nicht fortfahren, es zu bedrängen, [$10e_1$ NP] so wie früher [(11a)] und noch von dem Tage an, [$11a_1$ x-AK] als ich Richter befahl über mein Volk Israel. [11b AKו-x + Pt.] Ich werde dir Ruhe verschaffen vor all' deinen Feinden. [11c AKו-x] Es verkündet dir der Herr: [$11c_1$ x-PK] Ja, dir wird der Herr ein Haus machen! [12a x-PK] Ja, wenn deine Tage erfüllt sind [12b x-PK] und du dich zur Ruhe legst zu deinen Vätern, [12c AKו-x] dann werde ich deinen Samen nach dir aufrichten, [$12c_1$ x-PK] der von dir abstammen wird, [12d AKו-x] und ich werde sein Königtum gründen. [13a x-PK] Er, er wird ein Haus bauen für meinen Namen! [13b AKו-x] Und ich werde den Thron seines Königtums gründen auf Weltzeit. [14a x-PK] Ich, ich werde ihm zum Vater sein! [14b x-PK] Und er, er wird mir zum Sohne sein: [$14b_1$ אשר-Satz: inf.c.] Wenn er schlecht handelt, [14c AKו-x] werde ich ihn züchtigen mit einem Stab von Männern und mit menschlichen Schlägen, [15a x-PK] und meine Gnade wird nicht von ihm weichen, [$15a_1$ אשר-Satz: x-AK] wie ich sie von Saul habe weichen lassen, [$15a_2$ אשר-Satz: x-AK] den ich habe weichen lassen von deinem Angesicht. [16a AKו-x] Und es wird beständig sein dein Haus und dein Königtum bis auf Weltzeit vor deinem Angesicht, [16b x-PK + Pt.] dein Thron wird fest gegründet sein auf Weltzeit.'" [17a x-AK] Gemäß all diesen Worte und dieser ganzen Schauung, so redete Natan zu David. [18a PKו-x] Da ging der König David [18b PKו-x] und setzte sich vor das Angesicht des Herrn [18c PKו] und sprach: [18d NoS] "Wer bin ich, Mein Herr, Gott, und was ist mein Haus, [$18d_1$ x-AK] daß du mich hierher gebracht hast?"

1.8 Jona 1,1-9

[1a PKו-x+Inf.c] Da geschah das Wort des Herrn zu Jona, dem Sohn Amittais folgendermaßen: [2a. Imp.] Steh auf [b Imp.-x] und geh' nach Ninive, der großen Stadt [c Imp.+ו-x] und rufe wider sie aus: [c_1 x-AK] Ja, ihr (pl., die Einwohner) Böses ist zu mir gedrungen. [3a PKו-x+Inf.c.] Da stand Jona auf, um nach Tarsis zu fliehen, weg vom Angesicht des Herrn. [b PKו-x] Er kam nach Jafo [c PKו-x +Pt.] und fand ein Schiff, das nach Tarsis auslief. [d PKו-x] Er bezahlte sein (des Schiffes) Fährgeld [e PKו-x+Inf.c.] und stieg hinein ("in es"), um mit ihnen (den Seeleuten) nach Tarsis auszulaufen, weg vom Angesicht des Herrn. [4a PKו-x] Aber der Herr ließ einen großen Sturm aufkommen auf dem Meer; [b PKו-x] es gab ein großes Unwetter, [c x-AK+Inf.c.] und das Schiff war im Begriff zu zerbrechen. [5a PKו-x] Da fürchteten sich die Schiffer, [b PKו-x] und es rief ein jeder zu seinen Göttern. [c PKו-x + c_1אשר-Satz: NP + Inf.c.] Und sie warfen die Ladung, die sich im Schiff befand, ins Meer, um es leichter zu machen. [d x-AK] Jona aber war

hinabgestiegen in das Innere des Schiffes; [e PKו(-x)] er lag [f PKו(-x)] und schlief. [6a PKו-x] Da näherte sich ihm der Schiffs-Kapitän [b PKו-x] und sprach zu ihm: [c NoSpt] "Was schläfst du?! [d Imp] Steh' auf! [e Imp-x] Rufe zu deinem Gott! [f x-PK] Vielleicht gedenkt (dieser) Gott an uns, [g x-PK] so daß wir nicht zugrunde gehen!" [7a PKו-x] Da sprachen sie, ein jeder zu seinem Nachbarn: [b Imp.] "Kommt! [c PK-x] Wir wollen losen [PK-x + c_1 ש-Satz: NoS] und erfahren, durch wen dieses Unglück über uns gekommen ist."
[d PKו-x] Und sie losten, [e PKו-x] und das Los fiel auf Jona. [8a PKו-x] Da sprachen sie zu ihm: [b Imp.-x + b_1 אשר-Satz: NoS]" Erzähle uns doch, aufgrund wessen dieses große Unglück auf uns gekommen ist! [c NoS] Was ist dein Beruf? [d x-PK] Und woher kommst du? [e NoS] Was ist dein Land? [f NoS] Und aus was für einem Volk stammst du?" [9a PKו-x] Da sprach er zu ihnen: [b NoS] "Hebräer bin ich [c NoS + c_1אשר-Satz: x-AK] und den Herrn, den Gott des Himmels, fürchte ich, der das Meer gemacht hat und das trockene Land."

1.9 Jona 3,1-10

[1a PKו-x + Inf.c.] Da geschah das Wort des Herrn zu Jona ein zweites Mal: [2a Imp.] "Steh' auf! [b Imp.-x] Geh' nach Ninive, der großen Stadt, [c Imp.-x + c_1 אשר-Satz: NoSpt] und rufe ihr zu den Ruf, den ich dir sage." [3a PKו-x] Da stand Jona auf [b PKו-x] und ging nach Ninive, wie der Herr ihm gesagt hatte. [c x-AK] Ninive aber war eine große Stadt vor Gott, drei Tagesreisen groß. [4a PKו-x + Inf.c.] Jona begann in die Stadt hineinzugehen, eine Tagesreise weit.
[b PKו-x] Und er sprach: [c NoSpt] "Noch 40 Tage, und Ninive wird vernichtet!" [5a PKו-x] Da vertrauten die Leute von Ninive Gott [b PKו-x] und riefen ein Fasten aus [c PKו-x] und kleideten sich in Säcke, von (den) Großen bis zu (den) Kleinen. [6a PKו-x] Und es berührte dies Wort den König von Ninive, [b PKו-x] und er stand auf von seinem Thron [c PKו-x] und legte seinen Purpur von sich ab, [d PKו-x] kleidete sich in einen Sack [e PKו-x] und setzte sich in die Asche. [7a PKו] Und er ließ ausrufen [b PKו-x + Inf.c.] und sagte in Ninive als Befehl des Königs und seiner Großen: [c x-PK] "Der Mensch und das Vieh, das Rind und das Kleinvieh: sie sollen nicht das geringste essen; [d x-PK] sie sollen nicht weiden, [e x-PK] und Wasser sollen sie nicht trinken. [8a PK+ו-x] Und sie sollen sich in Säcke einhüllen, der Mensch und das Vieh, [b PK+ו-x] und sie sollen zu Gott rufen mit Macht [c PK+ו-x +c_1 אשר-Satz: NP] und umkehren, ein jeder von seinen bösen Wegen und von dem Übel, das in seinen (ihren) Händen ist. [9a NoSpt] Wer weiß, [b (x-)PK] ob Gott (nicht) umkehrt [c AKו-x] und sich erbarmt [d AKו-x] und sich abkehrt von der Glut seines Zorns, [e x-PK] so daß wir nicht zugrunde gehen."[10a PKו-x + a_1 כי-Satz: x-AK] Da sah Gott ihr Tun, daß sie abkehrten von ihren bösen Wegen. [b PKו x + b_1 אשר-Satz: x-AK + Inf.c.] Und es erbarmte sich Gott des Bösen, das er beschlossen hatte, ihnen zu tun, [c x-AK] und tat es nicht.

2. Abkürzungen

Die in diesem Buch verwendeten Abkürzungen richten sich nach dem Abkürzungsverzeichnis der TRE von S. Schwertner. Darüber hinaus kommen folgende Abkürzungen zum Tragen:

b	*bawli*, Babylonischer Talmud
BHS	Biblia Hebraica Stuttgartensia
GB	W. Gesenius, Handwörterbuch über das Alte Testament, bearbeitet von F. Buhl, Berlin 1962 (Nachdruck der 17. Aufl. von 1915)
Gutt/gutt	Guttural/*gutturalis*
n.gent.	*nomen gentilicium* (Völkername)
n.pr.	*nomen proprium* (Eigenname)
SB	Studienbuch
SG	Studiengrammatik

3. Index